曹建明 —— 著

# 语文，
# 让精神更明亮

核心素养导向的课堂教学丛书

杨四耕主编

华东师范大学出版社

·上海·

**图书在版编目（CIP）数据**

语文，让精神更明亮/曹建明著.—上海：华东
师范大学出版社，2021
（核心素养导向的课堂教学丛书）
ISBN 978 - 7 - 5760 - 1510 - 2

Ⅰ.①语… Ⅱ.①曹… Ⅲ.①中学语文课—教学研究
—初中 Ⅳ.①G633.302

中国版本图书馆 CIP 数据核字（2021）第 089051 号

核心素养导向的课堂教学丛书

# 语文，让精神更明亮

丛书主编　杨四耕
著　　者　曹建明
责任编辑　刘　佳
项目编辑　林青荻
责任校对　薛晓红　时东明
装帧设计　卢晓红

出版发行 华东师范大学出版社
社　　址　上海市中山北路 3663 号　邮编 200062
网　　址　www.ecnupress.com.cn
电　　话　021 - 60821666　行政传真 021 - 62572105
客服电话　021 - 62865537　门市（邮购）电话 021 - 62869887
地　　址　上海市中山北路 3663 号华东师范大学校内先锋路口
网　　店　http://hdsdcbs.tmall.com/

印 刷 者　上海展强印刷有限公司
开　　本　787×1092　16 开
印　　张　13
字　　数　131 千字
版　　次　2021 年 9 月第 1 版
印　　次　2021 年 9 月第 1 次
书　　号　ISBN 978 - 7 - 5760 - 1510 - 2
定　　价　42.00 元

出 版 人　王　焰

（如发现本版图书有印订质量问题，请寄回本社客服中心调换或电话 021 - 62865537 联系）

# 丛书总序

# 洞见改革

回望轰轰烈烈的课堂教学改革，我们依然可以欢呼，仍然可以雀跃，但我们更需要理性的回望和深刻的反思。

不是么？我们的课堂教学改革虽然取得了卓著的成效，但也出现了不少观念的误识和实践的误区。我们能否真正面对与合理消解这些问题，将直接影响课堂教学改革的纵深推进。

维特根斯坦指出："洞见或透识隐藏于深处的棘手问题是艰难的，因为如果只是把握这一棘手问题的表层，它就会维持原状，仍然得不到解决。因此，必须把它'连根拔起'，使它彻底地暴露出来；这就要求我们开始以一种新的方式来思考。这一变化具有着决定意义，……难以确立的正是这种新的思维方式。一旦新的思维方式得以确立，旧的问题就会消失；实际上人们很难再意识到这些旧的问题。因为这些问题是与我们的表达方式相伴随的，一旦我们用一种新的形式来表达自己的观点，旧的问题就会连同旧的语言外套一起被抛弃。"面对核心素养时代，我们的课堂教学改革有必要确立新的思维方式，并借此洞悉困扰我们的"棘手问题"。

改革不是一种风潮，而是一种使命。当下，跟风式改革仍然盛行，如深度学习、项目学习、STEAM……见样学样，不停跟风，显现出一派繁荣景象。不少所谓的教学改革只是在形式上做文章，有教条主义的嫌疑；不少课堂深陷应试泥潭，既不教人文，亦无关精神，甚至连知识也谈不上，而是"扎扎实实"地搞成了教考，把考试当作课堂教学改革的使命。教育改革的真正使命是什么？我们应秉持怎样的立场推进课堂教学改革？2014年，教育部颁布《关于全面深化课程改革　落实立德树人根本任务的意见》。这份文件指出：立德树人是课程改革的根本任务，核心素养培育是课程改革的核心价值。这便是我们的使命。使命需要执著，执著就是美德。细细品味维特根斯坦的这句话也许会有所助益:"当一切有意义的科学问题已被回答的时候,人生的诸问题仍然完全未被触及。"课堂教学改革的全部使命便是触及人生问题并给予某种实质性的回答,从而使"立德树人"落到实处。

改革不是一个口号,而是一种立场。层出不穷的口号、花样频出的概念,已然是当下学校变革的常态。不少学校把玩弄概念作为改革,把提口号当成改革,以学定教、先学后教、翻转课堂……热词涌起,名句不断。当我们把改革看成一个概念、一个口号的时候,我们已经远离了改革。改革是一种立场,一种有思考的尝试,一种为着根的事业而不断探索的精神。维特根斯坦说:"一种表述只有在生活之流中才有意义。"可以说,如果我们能把自己的立场安放在特定的概念或口号里,秉持有立场的变革,那将是对维特根斯坦的一种慰藉。

改革不是一张蓝图,而是一种责任。加拿大学者迈克尔·富兰说:"变革是一项旅程,而不是一张蓝图。"毫无疑问,改革需要蓝图,需要理性设计,但蓝图不是改革本身。奥托·魏宁格有一句令人心动的话:"逻辑与伦理在本质上是相同的。它们不是别的,而正是对自我的责任。"改革是一种责任,是一种对未来负责的精神。联合国教科文组织提出了 21 世纪教育的四大支柱:学会认知、学会做事、学会共处、学会生存。其中,学会认知是步入未来社会的通行证:观察、阅读、倾听、书写、交流、多样化表达、分析、综合、推理……学会做事是适应知识经济时代的必然选择:专注、善于发现问题、善于尝试、目标准确、身体力行、全力以赴、勇于面对现实、直面困难、不惧失败……学会共处是顺应全球化时代的需要:人际感受能力、人际理解力、人际想象力、风度与表达力、合作能力与协调能力、决策能力、沟通能力;懂得尊重、善于理解、换位思考、勇于担当、积极配合;而学会生存则是对做人品质的完善:适应能力、交往能力、管理能力、动手能力、创新能力、竞争能力;促进自我实现、丰富人格特质、担当与责任承诺、接受改变、适应改变、积极改变、引导改变……应该说,这些都是核心素养时代课堂教学改革的责任。

改革不是一场革命,而是一种态度。我们为什么需要改革?是因为有糟糕的现实摆在眼前,我们必须清除它。我们如何改革?通过雷厉风行的方式彻底改革吗?我们知道,对于理想化的东西,改革者很容易接受,并习惯于用理想的丰满来衡量现实的骨感,用理想的光滑来评判现实的粗糙。在理想观照下,现实是一无是处的,是必须摈弃的。正是基于这种认识,改革者很容易接受这样的观点:通过暴风骤雨式的"革命"来实现美好的改革目标。著名教学论专家王策三先生指出：任何教学改革都不是"一蹴而就的，也不是几年、十几年、几十年短期实现的，更不是以'革命'方式达成的"。改革是一种态度，一种持续改变现状的态度，一种朝向美好的态度，一种渐进探索的态度。

改革不是一个事件，而是一项旅程。吉纳·霍尔认为，变革的首要原则是把变革看作"是一个过程，而不是一次事件"。当我们把改革看成是一个事件，这意味着，改革可以在短期内取得成功；如此，改革尚未真正推进，我们便急着推出新的改革。面对一系列的政策性号召与行政命令，一些地方与学校常常是积极参与，往往在短时间内就会涌现出大量的改革成果，不少地方和学校还会举办各种各样的经验交流会。然而，在热闹的背后，却存在着虚假的繁荣：应付改革，鲁莽冒进现象时有发生。改革其实是一项旅程，一项迈向合理性的旅程，一项不断面对问题、思考问题、解决问题的旅程。课堂教学改革无法速成，只能渐进摸索；课堂教学改革也无法一次性完成，它永远在路上。

改革不是一条直线，而是一种智慧。对改革的简单化认识，缺少对改革形态丰富性、过程复杂性的理解，会让改革陷入迷茫。吉纳·霍尔说："变革，不是某位领导发表一次演讲，或在8月份为教师举行两天短期培训，或向学校提供新课程或新技术，就能一蹴而就、获得成功的。相反，变革是一个过程，在这个过程中，个人、组织机构逐渐理解了新事物、新方法，并且在运用它们时愈益熟练和有技巧。"无数经验证明，课堂教学改革是一个逐步推进的过程，而不是一条直线，其中往往包含着复杂性、随机性和偶然性，它需要理性和智慧。对此，迈克尔·富兰说：变革"好比一次有计划的旅程，和一伙叛变的水手在一只漏水的船上，驶进了没有海图的水域"。可见，课堂教学改革不是"种豆得豆、种瓜得瓜"的简单逻辑，而是一个多因子、多变量、多可能的复杂交织过程。没有"直接拿来"的理论与模式可以套用，改革需要我们自己的原创理论和实践智慧。

改革不是一个目的，而是一种创造。把改革作为目的，为改革而改革，这不是我们的应然取向。有人说："未来不是我们要去的地方，而是我们要创造的地方。"课堂教学改革，可以是突破陈规、大胆探索的思想观念，也可以是自强不息、锐意进取的精神状态，还可以是奋勇争先、不甘落后的使命感。华罗庚说："如果没有独创精神，不去探索更新的途径，只是跟着别人的脚印走路，也总会落伍别人一步；要想赶过别人，非有独创精力不可。"我们今天创造怎样的课堂，就意味着我们在培育怎样的未来。当我们创造知识型课堂的时候，我们就是在塑造复制与服从的未来；当我们创造素养型课堂的时候，我们就是在选择美好与灿烂的生活。教育的价值在于生命意义的提升，在于学习价值的锤炼，而不在于知识的牢固掌握和大量累积。雨果说："已经创造出来的东西比起有待创造的东西来说，是微不足道的。"的确，有待创造的东西只能靠学生在生命化实践和实际生活中去创造。因此，在某种意义上，改革不是一个固定目标，而是一个创造，一个基于实验的生命创造和素养提升过程。

改革不是一种形式，而是一种深度。虽然改革之声不断，但我们的课堂教学改革总体上并无实质性进展，"素质教育轰轰烈烈，应试教育扎扎实实"仍然是中小学课堂教学的主流表现。围绕着教材，问题学习、项目学习、单元教学、作业设计、听评课……都被冠以改革之名。联合国教科文组织在《学会生存》这一报告中曾警告说："教育具有开发创造精神和窒息创造精神这样双重的力量。"大量事实表明，以反复操练为表征的知识教育严重地窒息着年轻一代的创造精神，阻碍着社会进步。教育的核心价值不应该只是盯着知识，而应在于培养有智慧的人。唯有培养有智慧的人，我们才能足以应对不断变化的社会。二百多年前，德国就有如此教育宣言："教育的目的，不是培养人们适应传统的世界，不是着眼于实用性的知识和技能，而要去唤醒学生的力量，培养他们自我学习的主动性、抽象的归纳力和理解力，以便使他们在目前无法预料的种种未来局势中，自我做出有意义的选择。"当前，课堂教学改革最重要的一步，就是要从知识至上的泥潭中跳出来，义无反顾地迈向关注生长的素养时代。

总之，改革不是自负的概念翻新与宣示，而是崭新观念的建构与实践。面对核心素养时代，我们应少些"看客"，多些"创客"，不断洞悉隐藏于深处的棘手问题，在不断追问中创造属于我们自己的精神世界。这或许就是"核心素养导向的课堂教学丛书"之初衷。

杨四耕

2019 年 6 月 9 日于上海市教育科学研究院

# 目录

## 第一章　"明亮语文"的阅读观　/ 1

阅读教学不但要抓"文意的具体化、简约化、系统化",而且要抓"阅读心得的言语化、灵活化、实践化"。语文教学应实践"阅读中的表达,表达中的阅读",让阅读与表达结伴而行、融通共生、比翼齐飞,让阅读理解能够明亮起来。学生们会读乐读、会写乐写,在愉快的阅读和自由的表达中与身外的世界和谐相处,与自己的心灵喁喁私语,从而让自己的日常生活成为心灵花园。

## 第二章 "明亮语文"的教学观

教学是文章、教师、学生三者的融合体,教师要善于钻研文章,发现文章的"个性"特质,并依此设计教学活动,从而使学生明确地学习,有效地学习,有素养地学习。语言是语文教学的根,一切从语言出发,才会走向诗和远方,才能彰显语文的本色。做一个课下不断挺进、课上善于撤退的老师,指导学生不断地占领学习的平台,挥洒汗水,练就本领,成为会学、能学、乐学的莘莘学子。

## 第三章 "明亮语文"的文本观

文本是教师和学生互动的重要资源。学生要从文本中获得有助于他们成长的营养,则需要老师首先能够勘探这个宝藏,能够发现宝贝,才能通过课堂,和学生一起来采掘这些宝贝。每一个文本都是作者之"心"的物质化,有着它独特的"美""巧"和"细"。阅读是一场以心换心的交谈,又是一场心智的测试和磨炼;它们是老师进步的阶梯,也是学生成长的阶梯。努力让自己成为语文文本的成熟阅读者。

## 第四章 "明亮语文"的习作观 / 77

一次次的作文就是一次次对生命的唤醒,对自我的认知。一篇篇情真意切的作文,如同一个个美好的自己,人生多了朋友,多了陪伴。作文需要学生开启"觉察"的心眼,觉察自己的生活和身边的世界,和它们建立起关联,让自己的心灵丰厚起来。文字是心泉,在潺潺地流淌,要让学生学会有技巧地表达,不惮辛苦地修改,引导这泉水流得更加顺畅欢悦。

## 第五章 "明亮语文"的互动观 / 137

所有教学的终点都是不教,学生能够自教是做老师的幸福。教师在教学中应为学生铺设一条"质疑问难"的学习之路,敢于放手,勇于放手,把"教室"变成"问室",让学生大胆质疑,相互辩论,用心求证,培养学生成为善于"质疑问难"的人,成为"善于思考"的人,成为"自问自答"的人,改"问室"成"学室"。教师做一个"引动者","引"出学生的"能动""主动""自动",达到课堂教学高质量的"生动"。

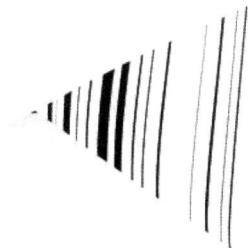

每一堂有效的语文课都是老师的心血凝结,亮闪闪的背后是无数时间里漫长的耕耘。精读和博览是老师生命的源头活水,常读常思才能生生不息。语言和文字如同日常的饮食,常饮常食才能保鲜语感、丰润情思。做一个勤于积累的人,丰厚的资料垫高了一个老师脚下的基石,站在更高的地方,看到更为辽阔的风景。用写来逼迫自己,一行行文字里见到自己的真实——平凡而普通。就此出发,在读、思、写、教中看自己能否前进。

# 前言　精神明亮的语文

作为一个乡村学校初中阶段的语文老师，对于教了四年的学生，我有一个最终的期望：希望他们拿到任意的一篇文章，都能凭借自己的独立阅读，对文章做一番多方面的理解，并能有条理地说出自己的理解或建议。愿这个基础性能力能够帮助他们胜任以后高阶段甚至更高阶段的学习，最终养成喜欢阅读的习惯。在我看来，喜欢阅读的人，往往具有明亮的心灵。

许多年来工作在语文教学一线，其实就是走着一条让语文明亮自己心灵的道路。如今已到知命之年，知道了语文教师的工作其实就是最适合自己的工作。自己手无缚鸡之力，除了教语文，别无其他安身立命的能耐。所以把这个工作尽可能地做好，让自己体验到生命的一些意义，这是我对自己应该负起的责任。一旦明白这一点，就别无其他非分之念。努力上好课，让学生在四年初中时光里，在语文和人文方面，有一个明显的获得，这就是我应该去做的事情。所谓让语文明亮心灵，首先就是自己清楚地知道了要做的事情。

我非常认同钱理群先生对"中小学教育是干什么的"的三点总结：一是培养学生读书的兴趣；二是教给学生好的读书方法；三是帮助学生养成读书的习惯。钱先生认为，做到这三条，学生就会一辈子读书，受益无穷。一点没错，兴趣、方法、习惯是成才的三个基本条件，一个人做一件事，凭着这三点，很少有不成功的。所以，这三点，指明了初中语文教育要干什么的大方向。

语文是工具性和人文性统一的实践性很强的一门学科。因为语文的工具性，所以需要学科知识。语文如果不教学科知识，学生如果不学、不掌握有用的学科知识，那么所谓的"培养语文素养"，在很大程度上会成为一句空话，学生四年在校的初中语文学习生涯便是荒废的。因为语文的人文性，所以学生需要人文滋养。语文如果不熏陶学生的情感、态度、价值观，学生如果不受到正能量的情感、态度、价值观的熏陶，没有在生命世界里落下善良、正义、公平、勇敢和悲悯的情怀种子，那么，所谓的语文教育，就是一种虚伪的美丽。巴金曾经说过："我们有一个丰富的文学宝库，那就是多少代作家留下的杰作，它们教育我们，鼓励我们，要我们变得更好，更纯洁，更善良，对别人更有用。文学的目的就是要人变得更好。"巴金这段话很适合我从事的语文教学。实际上，我们语文教育的目的，还有整个教育的目的，包括现代化的目的也一样，就是使人变得更美好。因为语文的实践性，所以需要学生进行多种多样的学习实践活动，学生无论在课堂上还是在课堂外，都需要投入到像游泳一样的语文学习实践活动中去，不能只听不说、只读不写，要在有用的活动中进行有效的实践。语文无论怎么教，这三点，个人认为是自己必须要永远牢记并努力去做的。

四年初中，是一个学生身心发展的迅猛时期，部编六年级教材中有一篇《夏天里的成长》，说"夏天是万物迅速生长的季节"。那么，初中岁月，就是一个学生生命成长中最美好的"夏天"，学生在其间应该飞快地长、跳跃地长，活生生地看得见地朝着大写的"人"的方向成长。组成这个"夏天"的又该有哪些呢？我认为，应该有文质兼美的教材选文，有师生坐而论道的阅读研讨和交流，有激发思维和鼓励创造的练习设计，有"我"手写"我"心的兴趣写作……丰厚肥沃的"夏天"提供给孩子们阳光和雨露，提供给孩子们广阔的施展本领的天地。我作为他们的老师，尽自己的能力去创造这样的"夏天"给孩子们。

一个语文老师，应该给学生属于语文的东西。字词是学好语文的基础之基础，四年初中需要扎扎实实地教。理解词句在文中的具体意思以及在文中的作用，这是一个阅读理解的基本功，是阅读思维的起点。理解文章的内容和作用以及彼此之间的逻辑关联，探究作者如此选材、布局、详略、遣词造句的深意，这是学生应该有的高阶阅读思维。作文是需要老师指导的，就像大学里开设的创意写作班一样，教不是为了培养学生成为作家，而是为了让学生学习如何有设计地写，懂得必要的写作策略和学习必要的写作思维，以及相应的一些写作手法，能够熟悉一些写作的常规路径。这些事情应该在初中四年里有计划地一步一步地落实下去，最终能够在学生作文里看到它们的显现。

四年里，我以"表达性阅读"来贯穿整个语文教学过程。从注重字词到注重句段到注重篇章的表达性理解，从关注内容到关注语言到关注章法的表达性阅读，从老师指导下的到独立进行的表达性阅读，在这条螺旋形上升的道路上，学生不断地实践发展着自己的水平和能力，逐渐成为一个自能读书的人。

教书的时间长了，一批批的学生毕业了，很多学生也会回来看老师。从这些长大了的孩子身上，我确信了这样一个认识：每个人的身上都可能潜藏着一个美好的自己。老师应该相信他们身上潜在的能力。这种能力的发展需要老师的信任、开掘、鼓励和展示。要实现这些，老师必须要确保学生在学习中的主体地位，让他们能够真正以学习主人的身份来学习。

穷人的孩子早当家。因为环境会逼迫人主动去寻求发展的机会。这样的道理在语文教学中也是适用的。教学中一个教师如果像一个强势的家长一样，事事掌控，处处指手画脚，结果往往会适得其反。所以，学会放手，是我经常用来告诫自己的四字词语。老师放手了，学生才有成长的空间；老师放手了，学生才有自主的空间；老师放手了，学生才有施展的空间；老师放手了，学生才有发现自我的空间。但放手也是因为曾经的牵手，或者说放手和牵手是相伴相随、共融共生的。

在原来的沪教版里有"每周一诗"，还有"唐诗精华"和"宋词精华"；现在部编版语文教材中也有大量的古代诗歌，包括"课外古诗词诵读"。我从一开始就鼓励孩子们自己写"诵读理解"，从中预写到初三，八个学期，他们一篇篇地写，写的内容都会在课堂上进行交流，彼此分享自己的理解，老师的理解适当地渗透进去，之后他们完善原初所写。在这样的过程中，很明显地感受到学生在理解古代诗词方面的能力增长。到初三的时候，部分学生写的诗词"诵读理解"，真的挺"可观"的，而学生自己也由衷洋溢着幸福的自豪感。所以，老师的"退"，造就学生的"进"。

培养小老师。"教是为了不教"，这是叶老的名言，揭示了"教"的真正本质。学生自己能做了、会做了，那就不需要教师再来教了。让学生学做小老师就是一个由教到不教的实践过程。初中阶段的文言文学习是一项重要内容，就教材所选的篇目要达到课程标准所期望的目标，在数量上显然是少了，因而需要增加课外的文言文篇目来学习。这些增加的篇目，我们每篇都安排了一位学生担任授课的小老师，带领着学生们一起来学习。当然，小老师为了能够胜任这个工作，需要做好准备工作，有关这篇文言文的方方面面内容，他都应该做些准备。这中间自然也需要和老师商讨。持之以恒地把这项工作坚持四年，会看到学生们成为了很能干的小老师。

初三的文言文复习算得上是一个很大的工程。老师领着学生一篇篇地重新来过，很可能了无生趣。如果安排学生当小老师"领衔"复习，每人一篇，效果颇佳。经过了多届学生的实践，我感受到，在不同学生的不同讲授中，老师也要亦师亦生地坐在教室里，像学生一样地提问或回答，有时又作为老师给予指导、引领。同时，老师也要在课后给小老师们更多的评价与帮助。学生在小老师的道路上越做越真，部分学生能力的提升让人惊喜。

在初中阅读教学中，按着年级的由低到高，会安排不同程度和数量的部分课文让学生写完整版的阅读理解。课堂就是学生交流分享阅读理解的场所，这种形式下的教材学习充满了个性解读的智慧分享。我相信，给予学生这样的自由解读的时空，要比总是听老师站在讲台上侃侃而谈有用得多。这种做法可以用于初三的现代文阅读复习。此阶段的复习其实是对学生整个初中语文学习的验收，所以我们更希望看到学生充分展示他们学习的素养，让我们看到四年落在他们身上的语文水平和语文能力究竟长成了什么模样。让语文明亮心灵，一个重要的内容就是老师应该清楚地知道初三临近毕业的学生到底学到了哪个层次，具有了哪些能力。因而，把初三现代文复习作为一个平台，把原本用来做练习的现代文复习材料和习题作为任务，安排学生认领各自的任务，去做文本解读和习题讲解分析。那么，现代文复习就是学生作为小老师，走上讲台和同学们一起探讨交流，完成对文本的解读和对习题的分析理解的过程。把苦闷抑郁的题海战变成了值得期待、培植自信、见证能力的实践活动，学生也由此成为一个被语文明亮的学生。

"我"手写"我"心。作文写作是学生精神成长的家园，学生在作文中发现和认识自己，在作文中提高自己的思想认识，提升自己的人品人格。我坚信，初中生的写作是需要老师教的。一方面学生经历的生活需要被觉察，老师要能设计活动置学生于觉察的情境中，去发现生活的美好，或者生活的不美好，引导学生们省察被发现的生活。另一方面，作文需要经历过程性的指导，老师需要把写作知识融合进写作活动中。在清晰可见而又积极的实践中，一点一点地让学生获得真实有用的写作经验，提升学生的写作能力，使学生在作文中获得自信，看到能力，相信未来。

送走了一届届的学生,我欣慰的是,很多学生回来看望我时,都说在高中语文学习中感觉轻松,成绩一直坚挺着。我想,这也是我从中预带他们时的心愿。我更期望的是,在他们离开了学校之后,依然能够喜欢语文,在语文学习中获得快乐,获得自己的人生方向和信念。

# 第一章

# "明亮语文"的阅读观

　　阅读教学不但要抓"文意的具体化、简约化、系统化",而且要抓"阅读心得的言语化、灵活化、实践化"。语文教学应实践"阅读中的表达,表达中的阅读",让阅读与表达结伴而行、融通共生、比翼齐飞,让阅读理解能够明亮起来。学生们会读乐读、会写乐写,在愉快的阅读和自由的表达中与身外的世界和谐相处,与自己的心灵喁喁私语,从而让自己的日常生活成为心灵花园。

# 第一节　感知性表达

感知性表达主要是指学生在初读课文之后，说出或者写出自己对文章内容或形式方面的感受。其目的在于了解学生个性化的阅读体会，掌握学生对选文的已知程度，测量学生已有的阅读经验，为进一步的教学实施定下一个基点。

## 一、初读感受表达

新课标要求阅读教学要重视学生的阅读感受，教学的展开要以学生的阅读经验为起点，针对学生阅读中存在的感受和困惑实施课堂教学。初读感受表达就是学生对文章初步阅读后通过说和写表达出自己最初的阅读感受，教师借以了解学生的阅读经验和困惑，从而展开教学。

如赏析《差不多先生传》伊始，就让学生写自己阅读课文后感受最深的一点，角度从语言、内容或者结构等都可。由学生的文字来看，感受主要集中在两点上：一是让人感到幽默，二是作者讽刺了差不多先生。于是赏析就从幽默开始，让学生说说从什么地方感到了幽默、为什么会有这样的幽默、课文是如何写幽默的，一步步地深入下去，最后读到了幽默背后作者的沉痛。

初读感受表达有助于避免脱离文本、脱离学生的架空式语文教学。学生要读课文，要思考自己的感受，要表达自己的感受，这样就丰富了学生的阅读实践。

## 二、复述表达

复述是学生对语言材料吸收、存储、内化、整理和表达的过程。通过复述，学生不仅锻炼了自己"说"的能力，而且加深了对语言材料的理解、巩固、积累，提高了想象能力、思维能力和创新意识。

### （一）抓取线索

有些文章篇幅较长，学生难以复述，但如果能抓住文章的线索，文章的思路就

一目了然,复述时就能清楚明白。文章的线索一般有以下几种:

时间线索。有的文章,故事情节是随着时间的推进而发展的,我们只要把表示时间的词语找出来,就可以把整个故事串起来。如赏析《我不是懦夫》时,我要求学生在第一遍预习时划出文中表示时间的语句,做好复述的准备。学生很容易就找出了时间词语:"1995年3月5日,这一天是助残日""一个多月过去了""转眼又到了春天""星期六的下午""一天晚上""第二天晚上"。按照这种时间顺序来复述故事,"我"的心理变化过程也就逐渐展现出来,人物的性格逐渐丰富起来。

情感线索。复述时抓住作者的情感变化,不仅理清文章思路,还能体会、理解文章的中心。如《小石潭记》,很容易理出由"乐"而"悲"的情感主线。然后老师顺便把问题导向作者情感变化的原因上,就使整节课紧凑、连贯,教学目标得以落实。

事件发展线索。如《我的叔叔于勒》这篇课文,它是通过"盼于勒、忆于勒、遇于勒、躲于勒"为线索来组织材料的。抓住这一主线进行复述,文章所刻画的人物就自然而然地走出来,那种"金钱至上,认钱为亲"的人际关系暴露无遗。

### (二) 提示式复述

在复述有些故事时,我们可以提取课文中的一些关键词,把这些关键词串联起来,故事的框架就出来了。如在教《血染的丰碑》时,复述前我出示"星夜驰往、响遍行云、意气风发、怒不可遏、拼力截杀、须发怒张、一目如炬"等词语,引导学生把这些词语缀连起来复述故事。这样,既达到了概括课文主要内容的目的,又进行了语言文字训练,促进学生在语言环境中学会词语的运用,积累词汇,使语言和思维共同发展。

### 三、文本内容结构表达

文本内容结构的整理,是从整体上把握文章的内容结构与思路,是一种细致化的整体感知。长期地进行这方面训练,有助于提高学生整体把握文章的能力,养成结构意识。

下面是学生对《邓稼先》一文的内容整理：

第一部分，展示背景。通过列举中国自甲午战争、八国联军侵华战争开始的百年屈辱历史，引出为中国做出巨大贡献的伟大科学家——邓稼先。

第二部分，简述邓稼先的生平，写了他不平凡的人生经历，特别是为研制两弹做出的巨大贡献。

第三部分，写了邓稼先与奥本海默的比较，以凸显邓稼先的忠厚朴实、真诚坦白的品格。

第四部分，写作者与邓稼先50年的友情及1971年访华的经历，表达作者高度的民族自豪感和对邓稼先的无比钦佩之情。

第五部分，以大漠戈壁的艰苦与艰险，展现邓稼先为了国家利益不计个人生命的献身精神。

第六部分，以书信的形式，用评论性的语言对邓稼先一生的功绩高度赞扬，表达友人对邓稼先的赞颂与悼念。

当然，这种整理的方式是多样的，表格、图表、思维导图等都可以运用。

# 第二节　积累性表达

积累性表达重在语言的积累与运用。语文素养的高低，语感能力的强弱，与一个人语言材料的积累丰富程度成正比关系。许多语文专家都提倡大量读背，丰富学生的课外阅读，目的就是要让学生增加语言材料的积累。

## 一、熟读成诵

语文教材中的选文，无论是现代文还是古诗文，大都是文质兼美的，其中有很多是言语的典范作品，如《背影》《醉翁亭记》《曹刿论战》等，这样的文章无论是语言、结构还是思想感情，都堪称经典。在语文教学中，引领学生熟读成诵，在朗读和背诵中积累下这样的优秀之作，对学生是有益而无害的。

## 二、造句写段

有教师说："学习语言从积累语言材料开始"，"语文课本是专家学者们精选出来的文质兼美的范例，是提高我们语言水平的最佳营养品"。在教学中，我们要充分利用课本这一优势语言资源，采用多种途径引导学生学习积累语言。我以为造句写段是非常好的方法。

比如学习《邓稼先》，就可以给出"可歌可泣、鲜为人知、鞠躬尽瘁、死而后已、家喻户晓、锋芒毕露"六个词语，请学生运用其中的四个词语，围绕一个中心，写一段话。

## 三、仿句仿段

课文中存在着大量精美的语言材料，精美主要体现在形式和内容两个方面，有意识地随课文学习，既可以增进学生对文章的理解，也可以增进学生语言的积累和发展。

《散步》中有一段对南方初春田野景色的描写,教师可以引导学生先感受体会,再加以模仿,在模仿中促进学生语言表达能力的发展。如文中的句子:

> 这南方的初春的田野!大块儿小块儿的新绿随意地铺着,有的浓,有的淡;树枝上的嫩芽儿也密了;田里的冬水也咕咕地起着水泡儿……这一切都使人想着一样东西——生命。

在讨论中总结出这段写景的方法:总分结构,分角度描写,视听结合,最后感慨。

经过大量的模仿训练,可以起到整合语言材料、激活思维的效果。

# 第三节　理解性表达

理解性表达侧重由感知的层面进入对文章的理解和欣赏的层面,包括对文章中字、词、句、段的理解,对文章内容的理解,对文章语言形式的理解和欣赏等,是学生理解能力的培养和发展。

## 一、圈画批注

批注是阅读理解的主要手段之一。我们在勾画圈点中品读美文,筛选捕捉重要信息,概括分析文章内容,创造性地理解文章。批注能帮助我们梳理结构,概括主旨,体会写法,品味和锤炼语言(炼字),思考并汲取文章的思想内涵等。要做到精心圈画,运用不同的笔色、符号和旁批、总批等形式,批与注结合,大胆设疑推理,发表自己的见解。不乱画、不粗心、不懒于动手。

我们可以看看学生对《壶口瀑布》中一段文字做的批注,学生的批注呈现了他们学习的思维过程和语言运用的能力。

---

黄河在这里由宽而窄,由高而低,只见那(平坦如席的)大水(像是被一个无形的大洞吸着),顿然(拢)成一束,向龙槽里(隆隆)冲去,先跌在石上,翻个身再跌下去,三跌,四跌,一川大水硬是这样被跌得粉碎,(碎成点,碎成雾)。

批注:作者运用比喻的手法,写出了水势的大。运用贴切的词语,写出了水流汇聚的形态。通过叠词,写出声音的浩大。运用细致的描写,写出水被粉碎后的形状,整个句子生动形象地写出了瀑布的壮观。

---

## 二、品味

品味语言就是在把握课文基本内容的基础上,对关键词语和句子进行揣摩、咀嚼、鉴赏，领会其真正的内涵和表达上的作用，加深对语言运用的理解，不断增强语感。具体操作有：① 在具体的语境中品析词义，体会句义；② 比较、品味词、句、段的表达作用和效果；③ 品析词语的准确严密、生动形象等；④ 品析成语、俗语等的精练准确及表达作用；⑤ 品析句式的变化及表达作用；⑥ 品析修辞手法的精妙及其表达作用；⑦ 品析段落及全篇的语言特色。

下面是学生对《美丽的晋祠》中一段文字的品味，在这样的表达中我们可以看到学生的学习水平和能力。

---

水的流势都不大，清清的微波，将长长的草蔓拉成一缕缕的丝，铺在河底，挂在岸边，合着那些金鱼、青苔以及石栏的倒影，织成一条条大飘带，穿亭绕榭，冉冉不绝。

赏析：这句话对水的描写很细致，不仅仅写了水清的特点，也写出了水柔的特点，寄说明于描写中。句中"草蔓""金鱼""青苔""石栏的倒影"这些都体现了水清这一个特点，"一缕缕的丝""一条条大飘带"这两个词写出了水柔的特点。而"清清的""长长的""一缕缕""一条条"这些形容词的使用使句子更富有形象性，而且句中也用了比喻的手法，把"草蔓"比作了丝，把"倒影"比作大飘带，句子生动形象，突出了水的柔。

---

## 三、形象分析

人物形象分析是阅读传统小说经常要做的一件事，这是学生阅读能力体现的一个重要方面，需要学生深入地阅读文本，全面地提取文本中有关人物的相关信息，然后对这些信息进行分析理解，透过语言现象抓住人物本质；更为重要的是，要对自己的分析和理解进行整合，建立起一个血肉丰满的人物形象，而且，这个血肉丰满的人物形象是需要通过语言清晰地表达出来的。这个过程展现了阅读、分析、理解、整合、表达的综合。正是在这个过程中，学生的语文能力得到锻炼。

学习《唐雎不辱使命》时,学生就"唐雎是个怎样的人"做了一个阅读表达。从下面的形象分析,可以看到学生的阅读经验、思维水平和表达能力。

## 唐雎是个怎样的人

秦同学

通过唐雎与秦王的对话可以看出唐雎是个有胆有识、沉着镇定、正气凛然的人。当秦王把"逆寡人"的罪名加于安陵君时,唐雎没有畏惧,反而语气坚定。以一句"否,非若是也",把秦王的责备全部否定掉,从中可见唐雎沉着镇定。"虽千里不敢易也,岂直五百里哉?"唐雎为了表示坚决不同意交换土地的态度,故意激怒秦王,可见唐雎很勇敢。后来秦王恼羞成怒,以"天子之怒"来恫吓唐雎,但唐雎针锋相对进行反击,以"布衣之怒"反问秦王,再次表现出了他的镇定和勇敢。唐雎又以排比的句式,一连举了历史上三个"布衣"发怒后所干出的惊天动地的事,并以此示威,从而可见他有胆有识,对于秦王的强暴毫无畏惧。"挺剑而起"这一动作更加体现出了唐雎的机智。他了解秦王,知道秦王必会因为自己那些颇有气势的话而进行思索。另一方面也表现出了他的勇敢,面对秦国的君王,而且还是在秦王的地盘,唐雎却"挺剑而起"来威胁,可见他是十分勇敢的。

总之,唐雎是个有胆有识、沉着镇定、正气凛然的人。

## 四、艺术鉴赏

艺术鉴赏需要学生在理解文本的基础上,获得自己个性化的体验和感悟,运用表达,把自己个性化的赏析形于文字。鉴赏既可以是对文章写作特色的,也可以是对文章其他方面的。鉴赏是对学生批判性思维的训练,是为学生综合语文素养的养成和提高搭建的一个平台。如学《开国大典》,可以提问作者是如何来写

"开国大典"的;如学《范进中举》,就可以让学生写写"文章中的幽默欣赏"。

下面是学生在赏析完《格列佛游记》节选的两篇之后所做的表达,就一个专题对两篇文章进行了整合,形成了自己的学习结果。这种可视化的学习作品可以很好地呈现学生的学习实效。

## 虚构中的细节真实

蒋同学

虽然《格列佛游记》只是一篇虚构的小说,但它却用真实详细的细节描写为我们展示了格列佛一次次的冒险历程,让这些画面在我们脑海中清晰明了。

《小人国被俘》的第1节中:"据我估计,我们只划出去三里路远,就再也划不动了,因为大家在大船上时力气已耗尽,我们于是只好听凭波浪的摆布。"这一段描写写出"我们"对风暴的预测,在我们生活中也会遇到一些突发事件,这很贴近我们的生活,显得很真实。而"据我估计",表现了主人公遇事的思考逻辑,展现了他的内心世界,使读者感觉自己就是格列佛,并且这仅表现了他个人的猜想,并非一定与事实符合,更增强了语言的准确性,使文章更有说服力。而船员因身体虚弱划不动船,也是很自然的,写出了船员们先前为了脱离大海和礁石十分努力,并且用尽了全力,以至于身心疲惫。

《小人国被俘》的第2节中:"我大为吃惊,猛吼一声,结果吓得他们全都掉头逃跑。后来有人告诉我,他们中有几个因为从我腰部往下跳,竟跌伤了。"这个细节中,"吓""逃跑"这两个词赋予"他们"人的特性,写出了"他们"的恐慌、害怕,而"跌伤了"十分真实,写出"他们"与人一样,会受伤,使小人国的子民更富有生命力,更真实,同时也更加富有形象性。

《海战》第1节中:"我在一座小山丘后趴了下来,取出我的袖珍望远镜,看到了停泊在港的由约五十艘战舰和大量运输舰组成的敌军舰队。"这句话中,看出敌军的国家同样具备发达完备的军事力量,而"趴"这一个动词十分形象地写出了格列佛怕被敌军发现,尽量隐藏起自己,突出了他工作时的谨慎小心,"取"这个词也写出了格列佛取东西时的小心翼翼,不惊动敌方。单单一句话,就体现出主人公的性格。

这一系列准确无误的细节描写,使得我们身临其境,融入了故事中。

# 第四节　创造性表达

如果说前面的三种阅读表达注重对文章客体的接受、贴近和深入,以达到"使其言皆若出自吾之口","使其意皆若出自吾之心",那么,创造性表达能以我心表我意,是通过表达对自己进行的一种创造。

## 一、填补"空白"

如在海伦·凯勒的《再塑生命的人》中,莎莉文老师来到小海伦家里,并给了小海伦一个布娃娃玩,莎莉文老师看着小海伦玩布娃娃时她自己会想些什么呢?《在柏林》这篇小说中,当全车厢的人听了老人的平静讲述后,车厢一下子一片寂静,在这种静中,车厢里的人们各自都在想什么呢? 教学中如能找到这些空白,引发学生充分地想象,进行理解性填补,那么这样的填补会激励学生对相关语言进行品读,结合自己的体验和理解,从而收到更深层的对文本的感悟和理解,提高阅读理解能力。填补"空白"的形式很多,比如,写人物的心理活动,描写人物的外貌,设计一段人物之间的对话等。

## 二、续写

续写,即截取一个故事的开头或其中一部分,让学生续写结尾或相应部分,以此培养想象能力。如学过《我的叔叔于勒》后,以《于勒叔叔回来了》为题进行续写,定能激发学生的再造想象力,收获创造的成果。

《最后一课》学习之后,我们进行了续写的表达。下面就是学生的创造性表达,从中可以看出他对小说的理解。

> 放学了,小弗朗士却舍不得离开。他在自己的座位上坐了一会儿,觉得这个地方今天有着魔力似的牵扯着他。他拿出抹布来回地擦着桌面,老师和同学都走了。"再见了,我的课桌! 我的教室!"

走在放学的路上，他把法语课本拿在手里，一遍一遍地喃喃着：法兰西，阿尔萨斯，法兰西，阿尔萨斯……

他又看到了那块布告栏，看到了那里粘贴着的布告，心里升起了一股愤怒，那愤怒推动着他加快脚步。他看见有几个普鲁士士兵正在那儿，嘻嘻哈哈地谈笑着，心里觉得他们的面目特别可恶，觉得一个个都像狼一样狰狞。他真想上去狠狠地责骂他们一番。他抬起脚，把路边的一个小石子狠狠地踢了一下，那小石子就飞快地弹起，箭一般地射出去，在五六米外的草坪上掉了下来。"哼，我总有一天要踢死你们！"

他回到家里，一改往日的习惯，就坐下来，把书本摊在饭桌上，开始学习起法语来。在练习本上，他写下：我是法国人，我爱法语，我要好好学习法语。

## 三、改写

改写，是按照特定的要求，适当改变原作的内容和形式的一种写作方法，是一种对原作的再创造。这种再创造的成功与否，很大程度上取决于学生再造想象能力的运用和发挥。

如《天净沙·秋思》这首元曲："枯藤老树昏鸦，小桥流水人家，古道西风瘦马。夕阳西下，断肠人在天涯。"学生改写成：

那失去绿色的藤条垂挂在苍苍老树上，枯黄的树身嶙峋斑驳，散发出垂暮之气。"呀！呀！"一声声乌鸦叫回荡在空中，黑色的身影掠进黑色的树丛里。我远远地望向小溪那边，一个老农走在小桥上，一家农舍冒着缕缕的炊烟。天色暗下来了，夕阳很快就要落下山去。我的内心悲伤极了，我好想千万里远的家人啊，不知道他们今晚是否又在遥望着我，而我此时此刻正浪迹天涯……

# 第二章

# "明亮语文"的教学观

　　教学是文章、教师、学生三者的融合体,教师要善于钻研文章,发现文章的"个性"特质,并依此设计教学活动,从而使学生明确地学习,有效地学习,有素养地学习。语言是语文教学的根,一切从语言出发,才会走向诗和远方,才能彰显语文的本色。做一个课下不断挺进、课上善于撤退的老师,指导学生不断地占领学习的平台,挥洒汗水,练就本领,成为会学、能学、乐学的莘莘学子。

# 第一节　教出文章的特质

　　教学要基于文章来教。文章不同,教学内容自然会有不同。从体裁、内容、手法和语言等角度来设计、实施教学,教出文章的特质。

## 一、直接引语,人物生动形象的自我表现

　　初中语文教材里收录的文言文,尤其是那些故事性强的篇章,往往注重刻画人物的言行表现。如果教学只重视内容方面的认知,而忽略文章表现人物所采用的手法,不去探究其对表达的作用,那么就会造成教在了浅层,学在了表面。短小精悍的文言短文,往往惜墨如金,可是人物的话语却不惜笔墨地引用,这往往值得我们深思。

　　下面我们来谈谈《孙权劝学》这篇短文。全文叙述了孙权劝吕蒙学习,后来吕蒙大有长进的故事。从写作特点来看,文章主要采用对话描写,也就是直接引用人物的话语,这是我国史传文学的一大特点。

　　我在网上看到很多教案在文言字、词、句的疏通之后,落脚的重点基本上归在"学习有益"的主题上。当这个道理被师生多次言说并举例印证之后,这篇短文的教学也就基本终止了。从中我们也可以看出,这些教学设计里的"文"与"道",被老师教成"文"就是字、词、句的疏通,文言句法的指认;"道"就是"读书有益"。学生学到的是一个文,一个道,两个东西基本上是彼此独立的。这不是我们理想中的语文教学。

　　这篇短文,前后共有两次对话,一次是孙权和吕蒙的对话,一次是鲁肃与吕蒙的对话。两次对话之间应该隔了一段时间:前者是吕蒙不愿学习,孙权劝他学习;后者是经过一段时间的学习后,吕蒙的学问突飞猛进,让鲁肃感到很惊讶。在两次对话里,吕蒙自己的话只有一次,孙权的话有两次,鲁肃的话也是一次。从统计来看,这篇短文,共有四个直接引语。文章的魅力,就在这四个直接引语里,人物的性格情态也在这四个直接引语里。

　　当吕蒙"当涂掌事"后,孙权说的第一句话就是"卿今当涂掌事,不可不学",句

式是双重否定,语气比单纯的肯定要重得多,言下之意就是吕蒙掌权之后必须学习。这个话在吕蒙未掌权之时,孙权没说,也许是考虑吕蒙学与不学,关系不大,仅牵涉他个人的事情;而当权了,管理一方,责任重大,要对更多的人与事负责,所以必须学。这个"不……不……"里包含着孙权对吕蒙的严格,也有关心,希望他把这份重任担好,不负主公之望。吕蒙是一个有才能的人,孙权用这样的句式要他学习,更有一份塑造人才的期望在里面:期望吕蒙通过学习,增长才干,成为东吴的栋梁之才。后来吕蒙成为继鲁肃之后东吴的大都督,可谓不负孙权之望! 如果此处改用间接陈述,两个"不"字没有了,那么,这么丰富的内涵恐怕就消失了。

在吕蒙推辞之后,孙权说:"孤岂欲卿治经为博士邪! 但当涉猎,见往事耳。卿言多务,孰若孤? 孤常读书,自以为大有所益。"如果仅仅停留于话语的内容理解,则滋味索然。滋味不仅在话语的内容上,更在话语的形式上。此处的语气声调起起伏伏,变化甚多,也传递着孙权对吕蒙的批评、指教、期望和亲近。第一句是反问句,用的却是感叹号,语气声调都较强,是对吕蒙回答的大不满。然后语气声调趋于平缓,提出容易做到的学习要求。然后又是一句反问,语气声调又有点上扬,让吕蒙感到自己推辞的无理。最后一句语调又转为平缓,很亲切,好像朋友谈心。孙权的善劝之"善",就是这样通过他的原话生动传神地表现出来,孙权对吕蒙的批评、指教、期望、亲近等情感元素活泼地展现在话语的内容和形式里。

在鲁肃过寻阳,与吕蒙论议之后,短文也引用原话:"卿今者才略,非复吴下阿蒙!"这个"非复吴下阿蒙"很有意思:"非"字后面还跟了一个"复"字,强调之后再强调,其称誉之情溢于神色;"吴下阿蒙",既是调侃又显亲切,仿佛是朋友之间的打趣,趣中见情。如果不是直接引语,哪来这么丰富的情调。而吕蒙的应答,多味多滋:"士别三日,即更刮目相待,大兄何见事之晚乎!"从内容上看,吕蒙的话里用了两个成语,"士别三日"与"刮目相待",又用"何见事之晚乎"这样的句式,一下子让人感到挺文绉绉的,显示出他学习之后,学问大有长进。在形式上,"即更"这一声调较强的词语,"乎"呈现的反问的语气,"大兄"的称谓,让我们在语气和声调中自然地感受到吕蒙的自豪和打趣,与鲁肃之间无隙的情谊。到此,我们要问一句,在文中,吕蒙推辞孙权的时候,文中用的是间接陈述,为什么呢?"军中多务"仅仅是一个被陈述出来的信息,我们知道了这个信息,并不会留下关于吕蒙的印象,这使吕蒙处于无形无声之中,是一个抽象的符号。但听了吕蒙回答鲁肃的话之后,吕蒙以他的话语塑造了自己，读者感受到了一个形声俱备的吕蒙。所以，此处的直接引语显然不仅仅传送了信息，更重要的是表现了人物。"学习有益"也通过吕蒙和鲁肃的直接引语鲜活地呈现了出来。

鉴于以上分析，我教学此文所制定的教学目标就成为：学习课文，运用直接引语生动形象地表现人物；懂得"学习有益"的道理。

## 二、构思独特，人物鲜明

好的文章都有自己的独特性。教学就要教出文本的独特性来，让学生领略到不一样的精彩，并会心地发出"哦"这样的感叹语来。有些文章我们尤其需要关注作者在构思方面的匠心，理解独特的构思，把握鲜明的形象。

这里就拿《忆冼星海》来谈谈，我们如何教出文本的特质来。

茅盾先生写于1946年1月5日的《忆冼星海》一文，今天读来，依然韵味悠长，尤其是文章的独特构思，令人惊叹。冼星海先生的伟大气魄荡漾在字里行间，使人感佩。

按照文章的记叙，我们依次梳理出这样五个内容：① 听冼星海创作的《黄河大合唱》；② 看马达木刻的《冼星海作曲图》；③ 读冼星海自传，部分了解冼星海（经历、才华、个性）；④ 与冼星海唯一的一次见面；⑤ 想冼星海的行和说。

把以上这些内容仔细梳理一下，我们不难看出作者是从"我听、我看、我读、我见、我想"这五个方面来写的，同时也看出"听、看、读"三个内容都运用侧面描写，只有"见"部分才是正面描写。我们不禁要问：作者为什么要这样写？这样侧面描写和正面描写相结合到底有什么妙处呢？

要回答这个问题，我们就要看看正面描写部分，也就是茅盾先生唯一一次见冼星海时，为什么他会觉得这是一个具有伟大气魄的人。这次见面，作者主要是听冼星海说。作者说他很会说，很能说，简直滔滔不绝。梳理文章这部分中冼星海先生说的内容，我们发现，他主要围绕关于创造《民族交响乐》说了这些内容：

① 创作的主题：表现祖国山河的美丽、雄伟与博大，表现祖国人民的生活、理想和要求。

② 创作的选材：祖国的海陆空三方面和"狮子舞""划龙船""放风筝"三种民

族形式的民间娱乐。

③ 创作的音乐形式：中间有"狮子舞"的音乐。

④ 创作的准备：在新疆一年半载收集各民族歌谣。

⑤ 创造的态度：批评和自我批评。

⑥ 创作的时间：十年。

正是冼星海滔滔不绝话语中的这些内容让作者感到了这个音乐家的伟大气魄，而这完全是冼星海自己说出来的。作者在这部分详细地通过人物自己的"言"表现了人物自身。"听其言而观其行"，孔子的话始终提醒着我们，只有"言"而没有"行"的人终究因夸夸其谈而被人忘却。但我们读到这里却一点都不会觉得冼星海是一个夸夸其谈的人！这就是茅盾先生独特的构思所产生的文章魅力。因为作者已经为这个正面描写，为冼星海先生的"言"，在前文做足了铺垫，做足了"行"的奠基：之前的"听"写冼星海指挥自己创作的《黄河大合唱》，这里的"行"表现了冼星海天才般的音乐才能；"看"部分写出冼星海伏案工作，这里的"行"表现他工作时的陶醉；"读"部分写出他是一个什么都做过的人，这里的"行"表现他不惧任何困难。所以，当我们和作者一起听冼星海先生滔滔不绝地谈他的《民族交响乐》时，我们会和作者一样由衷地为这个理想崇高、意志坚定、勇于经历的具有伟大气魄的人感到钦佩。到这里我们才恍然大悟，前面侧面描写冼星海的"行"，"见"部分正面写冼星海的"言"，侧面和正面相结合，人物的"行"和"言"相结合，一个言行一致、言出必行的形象就生动地站立在我们面前，活跃在我们的心里。

作者在文章最后写道："昨晚我忽然这样想……""现在我还是这样想……"仔细地看，"昨晚"想的是先生的"行"，"现在"想的是先生的"言"，多么奇妙的构思，作者最后还是通过自己设想冼星海的"行"和"言"，再一次凸显了一个天才音乐家的伟大气魄。我们惊叹于作者全文都紧扣了"行"和"言"来写，文章结构之严谨，令人折服。这样一个富于"言""行"的具有伟大气魄的音乐家，怎么会不永远地活着呢！

根据以上的文章解读，我们就可以形成这样的赏析思路：

① "我"见到的冼星海是怎样的？

② 为什么之前还写了那么多内容？这些内容分别是什么？从什么角度写的？（"我"听，"我"看，"我"读）

③ 最后部分写了什么?("我"想)

④ 作者为什么要采用这样的结构和角度来写?

## 三、在对比中显现意义

阅读经验告诉我们,很多作者写文章时喜欢采用对比的手法。所以在具体的教学中,把对比作为解开文本的一把钥匙,利用对比探寻文本的深刻意义,不失为一种有效的教学方法。

《凡卡》通过凡卡的城市苦难生活与回忆中的乡村快乐生活之间的对比,突出小凡卡命运的悲惨,揭示了沙俄社会的罪恶。

面对这一篇经典的小说,"我要教什么"这个问题一直困扰着我。看了很多的文章解读,觉得都不合自己的心思。于是自己反复地看文本,希望在阅读过程中找到自己要教的内容。

在反复阅读中有所发现:课文存在着两条线索,一条是凡卡写信的线索,一条是凡卡回忆的线索。由这两条线索进去,也大致能理解本文的主旨。但是我觉得这种理解可能并不深透。

再读,听到了小说里的两种声音,那就是小说里的叙述。一个是第一人称凡卡在信中的叙述,一个九岁小孩子的口吻,包含两个内容:一是在城市的困难生活,二是向爷爷的哀求。另一个是第三人称作者的叙述,交代凡卡写信的整个过程,并转述凡卡对农村生活的回忆。这样,我们在小说里,听到了两个声音,一个是凡卡的诉苦和哀求声,一个是作者讲故事的声音,这两个声音不断地交替着。主旋律是凡卡的声音,作者的叙述声音仿佛是一个背景,在描写农村的片段画面上凸显的是在城市里凡卡的苦难生活。我们不间断地听到凡卡发出的求救声。凡卡的诉苦是那样的清晰,这显然是作者要强调和突出的。而农村似乎美好的生活间杂在凡卡的诉苦和哀求声中,在凡卡回忆和想象交融的乡村图景中,我们感受着凡卡对快乐生活的向往和追求。

叙述本也可以成为教学的切入口,可是,小说叙述的知识对于中预学生来说,我觉得不适合教。因为他们所读的小说非常有限,有关小说的知识也极为有限,所以,像小说叙述这样的知识,在中预的语文教学中,我决定不去涉及。那么继续看小说,寻找该文本的"核心教学价值"。

继续阅读,我发现小说中存在着三个生活的世界。一是凡卡的城市生活,一是凡卡爷爷的乡村生活,还有一个就是凡卡回忆里的乡村生活。城市生活对比着凡卡回忆里的乡村生活,而凡卡回忆里的乡村生活又对比着爷爷的乡村生活。在这样的对比中,我们感受着凡卡对欢快生活的强烈向往,以及这种向往不可能实现的悲哀。我觉得眼前一亮,抓对比这个写作手法,可以把小说中的三个生活世界连成一体,可以深入地理解小说的内蕴,把握小说的意义。

在城市生活中的凡卡"连狗都不如","没有指望","受不住了","只有死路一条",用一个词语来概括就是:绝望。那么,凡卡想要逃往的乡村,也就是在凡卡回忆里的乡村,是怎样的呢? 那里有一个替老爷守夜的爷爷,在深夜里,常常冻得缩成一团,耸着肩膀;有美丽的乡村夜景,"天空撒满了快活地眨着眼的星星,天河显得很清楚,仿佛为了过节,有人拿雪把它擦亮了似的……";有和爷爷一起去砍圣诞树的经历。那里也没有多少小孩子可以做的活,要做活糊口也要求人家,但那里有一个爱他的爷爷,所以,就有了欢快的味道,你看"白房顶啦,烟囱里冒出来的……",这些句子多么欢快,小凡卡是多么高兴。再如"多么快乐的日子呀! 冻了的山林喳喳地响,爷爷冷得吭吭地咳……",多么愉快的凡卡。我们可以看出,这回忆里融进了凡卡的自我想象。因为当时和爷爷在一起,因为现在处在死路一条的困境里,对农村的回忆就过滤掉了许多的不快。这一切都倾注了凡卡强烈的主观色彩,也可以看出他多么渴望有这样的快乐和幸福。在小孩子的眼里,在身处死境的小孩子心里,乡村的快乐都是被放大了的,和爷爷在一起的农村生活其实在凡卡那里已经成为了一个白日梦。这就是凡卡心里的俄罗斯乡村,是被凡卡蒙上了一层紫色薄纱般诗意的乡村。城里的生活和回忆的生活一对比,读者非常鲜明地感受到城市生活的悲惨和乡村生活的快乐,我们强烈地体会到凡卡内心迫切的憧憬和渴望。

那么真实的乡村,那个爷爷生活着的乡村,又是怎样的呢? 我们只要问一问,爷爷为什么要把这么小的孤儿送到城市去当学徒工就可以基本了解了。凡卡是孤儿,爷爷已经65岁了,是一个瘦小的老头,白天,"在大厨房里睡觉",晚上,"敲着梆子,在别墅的周围走来走去","冻得缩成一团,耸着肩膀……",乡村中的爷爷,为了能够生活下去,重的活已经干不了了,只好做守夜人。不知道什么时候,爷爷就会像秋风中的秋叶一样飘零而逝，或者像一块路边的碎土被寒冬给冻结了。正因为这样，爷爷才含泪忍痛送凡卡去了城里，抱着凡卡也许能够在城里生活下去的侥幸心理。回忆的乡村与真实的乡村一对比，我们就要问：凡卡为什么要在回忆里改变这个穷人的苦难乡村呢？因为城里的生活太悲惨了，简直到了死路一条的地步，凡卡多么渴望逃离这个折磨煎熬着他的城市，所以真实的乡村生活被他渴望向往的情绪改变了。这种改变，更强烈地表达着凡卡对快乐生活的渴求，同时，也让读者更心酸地明白这种渴求在冰冷的现实面前是多么的不堪一击。

正是对比，使这些内涵清晰地显现出来，让我们面对着小凡卡的美梦黯然神伤。

城市里有老板、老爷，乡村里同样有老爷。农村的老爷也许就是城市里的老爷、老板，他们都是一样的。在城市小凡卡连狗都不如，恐怕在农村他也连狗都不如。作者最后以一个梦境来结尾，让人无尽地伤感。美梦的现实是凡卡死亡边缘的苦苦挣扎，那一声声哀求敲着读者的心灵。一头是渺小而又灼热的凡卡的渴求，一头是广袤而又冰冷的社会现实，凡卡注定要被吞噬掉。

所以，对比是本文我要考虑的语文知识，在对对比的理解中把握主旨，撩开凡卡想象的面纱，直面真实的俄罗斯乡村生活，抵达无梦可放的罪恶的社会。

## 四、人在"言"中

经典的现代文，各有自己的声貌，艺术特色也异彩纷呈。语言描写在写人记事的文章中星光闪闪，探"言"究人，味"言"寻意，教出文章的特色来。

《钱钟书先生》是画家黄永玉老师写的。在这篇文章里，作者通过钱钟书先生的一些生活小事，表现了先生一生淡泊名利的高尚人品和专心致志研究学术的精神。

这篇文章的最大魅力在于语言描写，钱钟书先生的形象完全是通过他的话语表现出来的。这是文章很独特的一面。

文章第4段中钱先生拒绝权威人士来拜年时说："谢谢！谢谢！我很忙！我很忙！谢谢！谢谢！"连说了四个"谢谢"和两个"我很忙"，刻画了一个珍惜时间、潜心学问的学者形象。且拒绝的对象是权威人士，常人若遇此番情境，必然大敞门扉,有意与权威打好关系。钱先生却半分意思也没有,刻画了他不慕权贵的品质。

第7—13小节中钱先生拒绝参加国宴之邀,连用五个"我不去",三个"我很忙",多用感叹号,语气干脆利索,刻画了一个潜心学问、淡泊名利、珍惜时间的钱先生。来者想帮钱先生找个借口推托,钱先生却说:"不!不!不!我身体很好,你看,身体很好!"三个"不",两个"身体很好"塑造了一个真诚实在、坦率直接的钱先生。

以上两处语言描写,钱先生的遣词用句单调重复,表现出一个在日常生活中嘴笨口拙,却实话实说的质朴的先生形象。

而文末钱先生帮"我"解围时所说的话与之前大相径庭,判若两人。

> "这算什么根据?是郭沫若1921年自己编出来的一首诗的题目。三教九流之外的发明,你哪里找去?凤凰跳进火里再生的故事那是有的,古罗马钱币上有过浮雕纹样,也不是罗马的发明,可能是从希腊传过去的故事,说不定和埃及、中国都有点关系……这样吧!你去翻一翻大英百科……啊!不!你去翻翻中文本的《简明不列颠百科全书》,在第三本里可以找得到。"

一段话中提到了三个国家,将"凤凰涅槃"的原作者、创作时间、曾经出现过的浮雕纹样、相关故事都涉猎,表现了钱先生通古博今、学贯中西、学识渊博的品质,也表现了他在学问世界里为人热情、思维敏捷、条理清晰。

文章中人物不同时间不同情况下说出的风格不同的话,是人物的个性化语言,言为心声,人物的话语生动传神地塑造了自己的形象。

把这样前后对比的话语联系起来看,钱钟书先生之所以有第26小节所显现的学富五车这样惊人的博学,完全是平时珍惜时间,酷爱学习,专注于学术研究的结果。

所以本文的赏析主要放在了对人物语言的品味中。通过人物的话语,把握人物的思想性格,理解作者写作的匠心所在。

# 第二节 学习是最重要的

　　学生在学校里学习,除了必要的文化知识等内容外,学习方法、学习策略和学习习惯也是重要的内容。我总是想,学生在我身边通过初中学习,如果毕业之后能够自己会学习了,能学习了,且爱上学习了,那么,我的愿望也就达到了。所以,在这个过程中,我在几方面是很踏实地做的。

## 一、课文预习单

　　语文能力是在实践中渐渐发展、提升的。教学就是要从"教我做"转向"我来做"。学生只有通过自己的做,在做中发现自己的会和不会,在不会到会的过程中得到能力的培养。秉着这样最浅易的认识,我在教了将近二十年后,开始为每一篇教材自行设计课文预习单。

　　初中四年,一个轮回下来,每一篇都有了课文预习单。

　　预习单的主要特点:

　　基础性:重视基础知识的学习和掌握。这是学习的基本底线。包括汉语拼音、汉字书写、基本词汇、字词的基本义、基本的语法知识等。

　　能力性:根据教材安排落实阅读理解的基本能力。能力以一个个"点"的方式呈现,并尽量体现阶梯型的提升训练,也兼顾能力点的循环往复。

　　思维性:关注学生的思维发展,预习单上的问题考虑思维的条理性、逻辑性、完整性、发散性和思辨性,并安排学生自己提出问题。

　　系统性:预习单之间彼此有联系,往往呈现为阶段性的训练。前后之间或内容上有关联,能力上有螺旋,训练上有往复或递进。

　　课文预习单的功用,主要有了解学情,培养学习习惯,促进学生主动学习和善于学习。

　　以下是部编教材六年级第一学期第二单元的预习单。

# 6. 狼牙山五壮士　预习

**（一）基础知识**

（1）查字典解释词语

斩钉截铁：_____

气壮山河：_____

（2）用下列词语写一段话

全神贯注　　悬崖绝壁　　斩钉截铁　　居高临下　　昂首挺胸

_____

_____

**（二）理解与分析**

（1）阅读课文,概括文章主要内容(概括要素有时间,地点,人物,事情的起因、经过和结果,概括要包含这些要素)

_____

_____

（2）把上面的主要内容再提炼,形成短语式的情节发展线

接受任务—（　　　　　）—（　　　　　）—（　　　　　）—跳下悬崖

（3）从这样的情节中,你觉得"五位壮士"的美好品德有(写一些四字词语)

_____

_____

**（三）赏析下面的描写性句子**

① 为了不让敌人发现群众和连队主力,班长马宝玉斩(zhǎn)钉截铁地说了一声:"走!"带头向棋盘陀走去。战士们热血沸腾,紧跟在班长后面。他们知道班长要把敌人引上绝路。

_____

② 他刚要拧开盖子,马宝玉抢前一步,夺过手榴弹插在腰间,猛地举起一块磨盘大的石头,大声喊道:"同志们! 用石头砸!"

_____

# 7. 开国大典　　预习

**(一) 词语**

(1) 给加点词语注音

瞻仰　　　　　　　飘拂　　　　　　　　诞生

(2) 查词典解释词语

典礼: _____　　瞻仰: _____

诞生: _____

排山倒海: _____

**(二) 判断下列句子所使用的修辞手法**

① 红旗翻动,像海上的波浪。(　　　　)

② 会场上爆发出一阵排山倒海的掌声。(　　　　)

**(三) 文章梳理**

(1) 阅读课文,运用段意合并的方法,概括文章的主要内容

_____

_____

(2) 根据课文顺序,梳理开国大典的过程

群众入场—(　　　　　)—宣布典礼开始,奏国歌—(　　　　　　)—
(　　　　)—毛主席宣读政府公告—(　　　　　)—(　　　　)

**(四) 品味下列语段**

① 主席台设在天安门城楼上。城楼檐下,八盏大红宫灯分挂两边。靠着城楼左右两边的石栏,八面红旗迎风招展。

品味：_____

_____

② 到了正午,天安门广场已经成了人的海洋,红旗翻动,像海上的波浪。

品味：_____

_____

③ 两个半钟头的检阅,广场上不断地欢呼,不断地鼓掌,一个高潮接着一个高潮。群众差不多把嗓子都喊哑了,把手掌都拍麻了,还觉得不能够表达自己心里的欢喜和激动。

品味：_____

_____

# 8. 灯光　　预习

## (一) 查字典解释词语

憧憬：_____

璀璨：_____

黑魆魆：_____

千钧一发：_____

## (二) 文章梳理

① 课题是"灯光",围绕"灯光"文章写了哪些内容,概括在下面的表格里,每次概括都要包含"光"。

| 节　号 | 概　　括 | 发　现 |
|---|---|---|
| 1—2 | 天安门广场的灯光引发赞叹,引起"我"的回忆。 | |
| 3—7 | | |
| 8—9 | | |
| 10—11 | | |
| 12 | 过去多年,天安门前的灯光又让我想起这位战友。 | |

② 小说围绕郝副营长主要写了两个场面：场面一_____
_____场面二_____。由此可以看出郝副营长具
有_____精神品质。

**（三）理解与品味：理解句子的含义**

① "多好啊!"他在自言自语。

_____

_____

② 他把头靠在胸墙上，望着漆黑的夜空，完全陷入了对未来的憧
憬里。

_____

_____

③ 这位年轻的战友为了让孩子们能够在电灯底下学习，不惜牺牲自
己的生命，他自己却没有来得及见一见电灯。

_____

_____

**（四）把你阅读中的问题写在下面**

_____

## 二、撰写"我的阅读理解"

挑选出文章，让学生学写"我的阅读理解"，是我带学生必做的一件事情。我
在美国著名教师雷夫写的《第 56 号教室的奇迹》中看到他鼓励孩子们写阅读笔
记，并做了一个大体的格式，受此启发，我着手让学生写"我的阅读理解"，多年的
尝试，逐渐形成了几个层次的训练。

首先在六、七年级阶段，学生主要是针对句、段写"我的阅读理解"。一般是老

师在课堂教学中经常做阅读理解的示范,学生在课堂中也学写这样的阅读理解。此项训练是基础性的,是学生阅读能力发展的基石,需要持之以恒地实践。以此为主体的训练中,也穿插其他类型的阅读理解性写作,比如针对文章写作特点的小论文式写作,人物形象的分析等。这样的写,能够激发学生主动学习的兴趣,能够让学生将平时学的关于阅读理解的方法和经验等运用到自己对文章的阅读中,在实践中锻炼自己的阅读能力。

其次,在七、八年级,主要是理解性知识短文的写作,同时穿插正文的阅读理解性写作。学生的阅读方法和阅读经验都在丰富中,很有必要让学生有时间、有地方进行主体性实践活动。只有充分地相信学生,让他们不受约束地在自我阅读中尽情施展自己的才能,我们才会见到个性化、丰富的阅读表达。通过班级内部的交流,学生之间彼此分享、欣赏,形成良好的互相欣赏和激励的学习氛围。阅读的自信和潜能的发展都会有想不到的显现。

这里附一篇赏析《汗血马》时学生写的阅读理解。

## 我读《汗血马》

初二1班　汪同学

这是一首现代诗。本诗的第一段很对称,以反复来强调。"戈壁""荒漠""草原"形成了对比。"跑过一千里戈壁才有河流"强调了路程的长,而且很艰难,同时也表现了汗血马身处之地的荒芜。

第二段交代了气候。"无风的七月八月天"强调"无风",又是七月八月的炎夏。下一句"火的领地"运用了拟人和比喻的修辞,突出了戈壁的炎热无比、难以忍受。"只有飞奔"四字一行,在字中流露了悲伤和无奈。在炎热无比的戈壁上,只能飞奔,再无他选。"四脚腾空的飞奔"体现了戈壁的炎热,沙子滚烫,更是表达了痛苦。"胸前才感觉有风"指马跑得飞快,如风,给自己带来了风,却更像是自我安慰。"才能穿过几百里闷热的浮尘",一个"才"字表现了无助无奈和过程的艰辛,"几百里"突出路程的遥远艰辛,而又以"浮尘"一词展现一片大漠荒凉、黄沙漫天的景象,浮现出马在漫天黄沙中孤独飞奔的景象。

第三段中"汗水全被焦渴的尘砂舐光",这一句话既体现出了马的不易、艰苦、痛苦,又为下文的"血汗"做铺垫。"舐光"又表现了时间长,是一点一点的,像是折磨般,异常痛苦。下一句中的"结晶",才真的是汗水、努力的结晶。这便是马的美丽的斑纹。自此,作者其实意在表现在外人看来雄壮威猛无比的汗血马为此付出的巨大汗水、努力,经历的坎坷痛苦,淌过的艰辛困苦。

第四段令人心酸,开头用了两个"流尽了",马一无所有,竭尽全力了。"向空旷冲刺的目光","冲刺"二字既体现了它对到达的渴望,又体现了它的坚定信念。"宽阔的抽搐的胸肌",描绘了汗血马的体型强壮,"抽搐"一词体现了它的痛苦。"沉默"二字令人伤感,汗血马一言不发,只是默默地、无声地救援,更是没有停下。"从肩甲和臀股,沁出一粒一粒的血珠",一个"沁"字体现了血珠出来时的不易、痛苦,是被强行挤出来的。"一粒一粒"把镜头放大,是鲜红的,一粒一粒的血汗啊!"只有汗血马",一个"只有"表达了作者对它的尊敬,何尝又不是一份可怜心疼,在这世界上只有汗血马"血管与汗腺相通"。

"肩胛上并没有翅翼,四蹄也不会生风",一个"并"字体现了失望与伤心;"人间美妙的神话"便是指汗血马有翅翼、四蹄生风的神话,而与神话相反的便是汗血马的普通,对比突出了它的平凡,它的一切都是靠自身努力而来的,一切都是在痛苦之后的。"它只向前飞奔","只"字表现了它的坚定,不顾一切。"浑身蒸腾出彤云似的血气",用了比喻,描绘了血气的朦胧,看似美好,但在其中深藏痛苦。"雪封",一下子从炎热转为寒冷。这极热极寒,马怎么能经受得住?"生命不停地自燃",是信念不停地自燃,更是意志不停地自燃。

"流尽了最后一滴血,用筋骨还能再飞奔一千里"。更显心酸,即使没血了,用筋骨还能再跑一千里,这是多么惊人的毅力啊!

"汗血马"三字单独成行,已经是最后的感叹。"扑倒在生命的顶点","扑"字很有力,体现了汗血马竭尽全力,倒在了它一生的巅峰上。"焚化"对应上文"自燃",又是一种崇高的敬意。最后化为一朵"雪白的花",美丽纯洁,令人崇敬。汗血马的自强不息、顽强拼搏、竭尽全力令人感动而又敬佩。而汗血马又象征着在艰苦中、危难中与命运顽强抗争、永不言弃的精神。

每个学期都会有相应的文章被指定要写"我的阅读理解"。从中预第二学期开始,老师都会预先告诉学生们,本学期有哪几篇文章要做"我的阅读理解"。随着年级的递增,被选文章的数目会相应地增加一些,以便给予学生更多的自我学习和自我发挥的空间。

其三,进入初三,学生们做试卷是必然的,怎样做才会有兴趣、有效果、有成就感,把做试卷这样一件苦差事变成快乐的事,一件值得期待的事?有一项工作是顺着前面三年的"我的阅读理解"而来的。自己带班的学生,整个初三,做的试卷量不多,基本上以上海市上一届初三的一模卷和二模卷为主。我们把其中的很多文章都拿来写"我的阅读理解",并于课堂交流,再是大家一起来做试卷题目,最后由学生讲评。我相信,人的才能是锻炼出来的,也是互相交流学习而来的。老师也会写相应的阅读理解,和学生一起交流,这其中暗含了方法指引、视角拓展、解读深入等的意图。

《旅行家》是上海市某区一模卷上的一篇记叙文,班级学生人人都写阅读理解,先交流再做试卷。这里选择一篇学生写的阅读理解。

**我读《旅行家》**

初三 2 班　　丁同学

**(一) 概括文章主要内容及主旨**

文章主要写了:"我"的同学许永永五年级时立志做一个旅行家,不顾他人嘲笑。目标邈远,为了当旅行家,他每天练习长跑,甚至破了市长跑纪录,并放弃特招机会。在以马晓波为首的一行人嘲笑许永永时,"我"鼓励许永永并发自内心地欣赏他。在"我"工作后,许永永寄来中国地图,标记着他走过的地方,他要走出中国了。文章赞扬了为目标不懈奋斗的许永永身上锲而不舍的精神,凸显了为梦想坚定不移地奋斗的可贵品质。

## (二)人物形象

许永永:少有大志,不畏人言,坚定不移,身体力行。

第3、4段:"许永永大声说,因为杨镇的天空实在是太小了。那时候,我们读小学五年级。"交代了时间,"大声说"表现出许永永充满底气和信念。

第6段:"许永永指了八九下,他把整个世界都指完了。"表明许永永的少有大志。文章出现过"小学五年级""初一那一年""整个初中三年""初中毕业后"几个时间点,在漫长的时间里,许永永没有一次放弃过做旅行家的梦想,足见其坚定的信念。

第26段:"许永永却摇了摇头,幅度不大,但异常坚决。许永永说,我要开始环游世界了。"许永永在特招的机会面前"异常坚决",毅然拒绝,体现了他的坚定不移。

第28—29段通过"我"来表现许永永。写"我总能收到他的信件,信封里面总有一张手绘的地图"。一幅精心绘制的中国地图,上面标着密密麻麻的小点,与文中第21段许永永的话"以后我要把我去过的每一个地方都画成地图"相呼应,表现了许永永身体力行,为梦想努力实践行动。

## (三)写作手法

① 侧面描写。第25段"我们全班都轰动了,连一直取笑他的马晓波,看着许永永的时候,眼里也流露出羡慕的光芒"。第27段"所有的人都觉得许永永是个傻帽,包括我们的班主任"。从侧面衬托了许永永对成为旅行家的信念异常坚定。

② 叙述视角"我",增强故事真实性,加强渲染力。

③ 明线与暗线。以地图为线索,贯穿全文。许永永的形象在初中阶段是正面显露在读者面前,在"我"大学毕业后却隐居暗线,由"我"来转述他的作为。写法多变,结构灵活。

④ 戛然而止的结尾。文章在"我"的揣想中结束,但许永永向前走的背影一直留在我们的脑海中。留白,意味隽永。

⑤ 反衬。文章第9、24段多次写到同学的笑,是嘲笑,表明众人不理解许永永的志向,认为他异想天开,反衬出许永永对理想的坚定信念。

⑥ 反复。文章第12—18段反复写"我"说"也很大",许永永回答"没关系,一个一个来,我先把……走完",循环往复的一问一答,无论困难多大,许永永都没有犹豫和畏缩,彰显了许永永的信念坚定和坚持不懈的精神。

## 三、专题式论文写作,促进学生能力成长

初三学生如何复习才能高效,始终是老师们悬想着的一个问题。复习工作,最好能省时而高效,并能总结规律,内化为学生的心理图式,从而使学生能够从容自如地在考场中取得好的成绩。

我们先看一个学生写的专题小论文。

### 环境描写在文中的作用

初三2班　徐同学

王国维曾说:一切景语皆情语。我们在小说、记叙文和散文中常常会遇到环境描写,它们就像珍珠一样闪闪发光,起到画龙点睛的作用。环境描写有很多作用。

首先,它能写出环境的特点,交代故事发生的背景。如《年轻的国旗》中,"在小镇主要街道……尽情玩乐"这段环境描写,就写出了国际街坊节的隆重,交代了国旗的故事发生的背景。又如《哦! 冬夜的灯光》中,"车窗外面寒风呼呼地怒吼着",这一环境描写,写出了环境的恶劣,交代了时间是冬季。

其次，它能渲染一种氛围。如《羚羊木雕》中，"月亮出来了，冷冷的"，就渲染了一种悲伤、沉重的氛围。又如《芦花荡》中，"在那里，鲜嫩的芦花，一片展开的紫色的丝绒，正在迎风飘散"，通过描写芦花盛开，迎风飘散的景象，表现出苇塘的景色优美，烘托渲染了一种美好的氛围。

再次，它能烘托出人物的心情，刻画人物的性格。如《我的叔叔于勒》中，"在我们面前，天边远处仿佛有一片紫色的阴影从海里钻出来。那就是哲尔赛岛了"，"紫色的阴影"烘托了"我们"因看到于勒而痛苦、沮丧、绝望的心情。又如《职责所在》中，多次写到浓烟，就强调了火场内情况危急，从而突出了消防战士舍己为人、见义勇为的崇高品质。

最后，它能暗示某种现状。如《变色龙》中"四下里一片沉静……就连一个乞丐也没有"，这样的环境就渲染出一种冷清、悲惨的氛围，暗示了警官、宪兵当道，沙皇统治下的社会死气沉沉的现实。

总之，环境描写在文章中起着不可小觑的作用，细细品味环境描写，会让我们深入理解文本。

以上是在复习环境描写的时候，学生写的一篇复习性的文章，说明环境描写在记叙类文中的作用。我们可以看到，这是一篇有模有样的事理类说明文，总—分—总结构，基本上归纳了环境描写在文中的作用。所举例子，部分来自教材，部分来自初三练习卷中的文章。文章中有材料、有分析、有提炼，且安排较为合理，某些地方的用词造句不乏生动形象。一个学生，能够对环境描写有如此较为周全的认识，并能这么清晰地表述出来，可以这么认为，这个学生的心里已经构建起了一个相对完备的环境描写的心理图式。这对学生阅读能力的提升是很有益的。

在初三的复习中，经常采用写论文的方式，来增进学生复习的兴趣，提高复习的效果，增长学生探究、创造和表达的能力。用这样的方式来复习，至少有这样几方面的益处：

1. 调动了兴趣，提高了效益

我们通常见到的初三复习，学生总是被淹没在茫茫的题海中，大量的习题耗散着学生本来就不多的兴趣。而此一复习形式,却期待着学生的创造,为学生个性化阅读才能的表现搭建了一个平台。在此平台上,学生可以与众不同:他寻找的语料可以不同,他对语料的分析可以不同,他组织材料和表述材料的语言和方式都可以不同。在写作中,学生体会到自己的创造,在文章中,看到自己的才能,在与同学的交流中,享受到自己的独到之处。这一切,又激发了他对下一个题目的思考和写作的兴趣。兴趣就像春天里抽枝长叶的树,由少到多地繁茂起来。这种复习,调动了学生的主动性。学生在写文章时,投入了自己的热情和才能,而且,又被一种要写好此类文章的情感驱动着。所以,他们会积极地唤醒沉睡的旧知,运用自己的思维力做出分析,从而构建起新的知识结构。这使得复习的效果大大提高。

2. 复习了课文,温习了旧知

论文式的写作,需要学生去寻找丰富的语料,而这些语料大量地存在于从中预到初三的语文教材和拓展阅读中。学生为写好一篇小论文,他会主动地翻阅初中阶段所学的课文,翻阅中,就顺便复习了一次课文。所以,这种写作,是复习教材、温习旧知的好途径。比如,写作《说说说明方法及其作用》,学生就要去翻阅教材中曾经出现过的说明文,把以前学过的各种说明文方法(举例子、列数字、作比较、引资料等)温习一遍,然后从不同的课文里,找到具体的事例,写成一篇系统地说明"说明方法及其作用"的小论文。又如要写《理解标点符号的表情达意的作用》,因为要涉及中考规定的十一种标点符号,而且选择的语料要具有典型性,学生就必须去翻阅所学的教材和拓展阅读的课文,从而有依据地做出回答。班中有一个学生就逗号举了鲁迅《风筝》中的例子:"我即刻伸手折断了胡蝶的一支翅骨,又将风轮掷在地下,踏扁了。"她分析:本来这个句子可以写成"又将风轮掷在地下踏扁了",因为根据当时的情况来说,这个动作是连贯的,一气呵成的;现在加了一个逗号,中间就有了停顿。这是为什么? 在这里,存在着两个身份,一个是二十多年前做这件事的"我",当时的气氛之下,动作是相当猛烈和连贯的;一个是二十年之后的"我",就是写这篇文章时的"我","我"觉醒到这样做是一种"精神虐杀"之后产生了心疼、愧疚、负罪的情绪,所以,在这里,就要下个"逗号",以表示写作中的"我"内心不能抑制的情绪,然后再落下这个"踏扁了"。学生这样写,显然是翻阅了课文,并根据当时的课堂笔记等材料,再思考、再整理后运用在此文的写作中。所以,课堂中的课文,由于所写议论文的不同,会被经常地翻阅,文中不同的语料能被不同的话题所使用。于是,课文就会牢牢地扎根在学生的记忆里。这样的复习,会使老师和学生之间有丰富的共同语言,从而更显亲切。

3. 锻炼了表达,促进了写作

把复习变成一次表达,把做题变成一种创作,这是论文式复习短文的一大亮点。小论文成品其实就是一篇知识小短文,少则二三百字,多则千字以上。学生为了写好这篇短文,需要经历审题、组材、构思、表达这样几个过程。短文讲究"理"要真,"文"要美。这个过程,是一次次真真实实的表达训练。在实践中,我们发现,这要比让学生写一般的命题作文更让学生产生兴趣。平时作文,学生苦于"无米之炊";这种写作,课文中存有大量的素材,不愁"米从何来"。但要写好,也存在一定的困难,需要挑战。如何组织、如何分析、如何解说明白、如何开头结尾、如何生动形象化语言,这都挑战着学生的能力,激发着学生的创造力。比如有一个学生写《如何分析人物形象》,她采用总—分—总的方式来写:开头为"在小说或者以记人为主的记叙文中,人物是必不可少的,于是我们也常要做人物形象的分析。善于分析人物形象,往往就能读懂文章的内涵和精髓。人物的性格就像是一个被包了一层又一层的明珠,那如何拆去这些包装,取到明珠呢? 我以为我们可以从以下几个方面入手";中间部分采用分类说明,"动作描写、语言描写、肖像描写和心理描写"选用教材中的例子一一加以说明;结尾是"人物的形象千变万化,但是要看透,也并不难,你需要用一双明亮的眼睛去寻找那颗被包装得严密的明珠,它,在语言幽深处熠熠生辉"。文章首尾呼应,结构严谨;分析部分条理清楚,举例充分,说理清晰;语言生动活泼。把这样的文章整理编辑,当学生看到自己的论文被印发下来,当学生听到他的文章被当作好文读出来,内心会产生一种愉悦感和冲动感,为下一篇文章的复习写作垫下基础。

4. 集散为整,感性成理性

论文式复习短文的写作,有一个明确的主题。这个主题常常是一种语文知识、写作知识或者阅读知识(方法),是处于理性层面的上位知识或方法,是对来自大量的游弋在不同文本中的语言现象进行的理性概括。所以它也是对学生的思维品质的培养,是由感性思维上升为理性思维的训练,从而让学生在收集语言现象、分析思考、形成认识(观点)的过程中,其抽象思维得到培养,真正为学生阅读能力的提高铺路搭桥。如学生要写"举例谈谈修辞手法在三类文体中的作用"这个主题的短文,那么,学生必须要对手头拥有的语文教材、综合试卷、《初中语文教与学——阅读》三份资料进行查阅,从中找出三类文体中不同的具有修辞元素的言语现象,并分类加以分析,形成能够举一反三的理性认识,并表述成为一种方法、规则甚至规律,也就是理性知识。如此,学生对某一类语言现象就会逐渐形成一个系统性的知识框架。而知识的结构化是能力的一个重要指标。也有的主题是涉及人文方面的,比如写《谈谈古代文人"乐"的不同境界》,学生们以初中教材中相关的《小石潭记》《醉翁亭记》《岳阳楼记》为素材来阐释自己的看法。一个学生最后这样写道:"总之,三文层层递进,因作者的胸怀变化,'乐'的境界由个人到百姓,再到天下,使读者深为感叹。"

如何使庞大、复杂、烦琐的初三复习工作变成有趣、智慧、能力提升的实践活动,使"苦学"成为"乐学",在创意性强的语文复习中有效地提升学生的学习能力,在我看来,论文式复习短文的写作是一条不错的途径。

## 四、教学是一个老师逐渐撤退的过程

从中预到初三,教材上要教学的古诗词很多,又加上每册的"课外古诗词诵读",四年下来,数量也是可观的。让这四年的学习成为学生自主阅读能力逐渐发展提升的过程,到初中结束的时候,学生大体上自己会读古诗词了,这是我一直希望能够做到的事情。我的教学,从行为上来说,是一个老师逐渐撤退的过程,也是一个学生越来越自主的过程。到最后我希望自己不讲任何东西,多听学生讲,让教学成为一种享受。这些是我从接手带中预开始就思考的。

中预第一册开始教学古诗词,我就让学生写《我读〈某某〉诗》,鼓励学生大胆地写,大胆地提问。然后紧紧抓住交流环节,通过一首首具体的诗词,从学生那里听到他们讲出的内容、写法、手法、意思等,交流中结合具体的诗词,逐渐地落实下面这些有关古诗词阅读的路径或知识:借景抒情、融情于景、托物言志、诗眼、炼字炼句、实与虚、押韵、节奏、联想和想象、生发、用典(抒情或言志)、有我和无我、绝句和律诗、意象和意境。

当一个个学生通过一首首诗词,自己能够把这些知识结合在具体诗词的理解中，并能侃侃而谈或详细阐释的时候，我觉得，做老师是一件很愉快的事情。

可以看看学生们写的相关诗词的阅读理解。

---

# 鲁 山 山 行①

宋　梅尧臣

适与野情惬，千山高复低。好峰随处改，幽径独行迷。

霜落熊升树，林空鹿饮溪。人家在何许？云外一声鸡。

翻译：

我恰好喜欢山野之情，这个地方让我心情满足，

千座山峰，有高的，又有低的。

好的山峰随观看的角度而变化，

一个人走在山间的小路上，弯弯曲曲的。

霜雪融化，熊爬上了大树，

山林很空荡，小鹿正喝着溪水。

山中的人在哪里呢？

云雾缭绕的山间传来一声鸡鸣。

理解：

首联：直抒情感，表达诗人对山野的喜爱之情。一个"惬"字表现了诗人心满意足的心理。

颔联：峰峦起伏，诗人独自在幽静的小路行走。"迷"表明山路就像迷宫一样，绕来绕去。体现了诗人登山绕山的优雅心情。

颈联：本来山中只有诗人，景物都是静的。可这时诗人笔锋一转，写了动物。静中有动，动中有静。"霜落"表明冬天已过，诗人这是在踏春。"林空"则表明诗人登山到现在，无遇到一人，说明鲁山极大。

尾联：运用设问的修辞手法，增强语气，突出了诗人的恬静悠闲。表明鸡叫在云雾的外面，体现出人与自然和谐相处的美景。

---

① 编者著：此诗实写深秋之山景，因尊重学生的童真解读，故不改有误之处。

整首诗是一首写登山的五言律诗,借景抒情,体现了诗人喜悦的心情。每一句诗都是一幅优美的画,展现了鲁山的无边无际和雅静。

初一(1)班　唐同学

写于 2017 年 3 月 14 日

# 第三节　一切从语言出发

优秀的作品是一个自足的生命体,蕴涵着丰富的知情意行,持续地滋养着一代又一代的生命健康成长。学生在语文课堂上的学习同样是一种生命成长的活动。品味语言,味者,情味,意味,意境;品,就要体味。学生通过品味优秀文本的语言,在知情意行上得到丰沛的滋润,生命在语言的家园里悄然茁壮成长。教学要紧扣语言,一切从语言出发。

## 一、朗读品味,感悟语言

朗读是优秀的教学传统,因声求气历来被视为有效理解文本的方法。朗读,在声音的世界里感知世界,体验人生。

### 1. 在朗读中体验

如我在指导学生读《秋天的怀念》一文时,"双腿瘫痪后,我的脾气变得暴怒无常",开始学生读得很平淡,我就让学生想象一下自己在"暴怒"时,心情会怎么样,怎样去读"望着望着""听着听着""突然""猛地""砸碎""摔向"等词语。学生们很快就领悟了,有的读时语速由平静到突然加快,做出很痛苦的样子;有的配上动作和脸上的表情,读出很暴怒的样子。学生对文章有着属于自己独特的情感体验,我们要重视学生的独特体验,所以我没有生硬地讲这里应该用什么样的语气读,仅仅是稍加点拨而已。学生体验到了,才是重要的。

朗读体验应尊重学生对作品的个性化理解,对读法不宜作统一的要求。

### 2. 在朗读中感悟

语文课程标准指出,初中各年级的阅读教学都应重视朗读,要让学生充分地读,在读中感知,在读中感悟,在读中增强语感,在读中感受情感的熏陶。

如沈重的《狼牙山五壮士》一文,文章表现了革命英雄视死如归的大无畏精神,结尾部分气壮山河的英雄气概更是震撼人心。要让学生能够感受到、体验到,还真是非朗读不可。"'同志们,我们的任务胜利完成了!'说罢,他把那支从敌人手里夺来的枪砸碎了,然后走到悬崖边上,像每次发起冲锋一样,第一个纵身跳下深谷。战士们也昂首挺胸,相继从悬崖往下跳。狼牙山上响起了他们壮烈豪迈的口号声:'打到日本帝国主义!''中国共产党万岁!'"我让全班学生站起来,昂首挺胸,望向大部队转移的方向,做出砸枪的动作;喊口号的时候,奋力地举起自己的手。这一读,那气吞山河的雄壮回荡在班级里,感染着每一个学生,学生们由此真切地感悟到了英雄们的精神。

语言是有温度的,语言是有色彩的,语言是有情感的。我们在训练学生朗读时,需要给予多样化的支架,如重音的处理、节奏的把握、语音的轻重缓急、语调的抑扬顿挫等,都是要结合具体句子来体会、落实。尤其要重视让学生自行设计朗读处理,唤醒学生的学习潜能,让他们以自己个性化的朗读来体悟语言文字的意蕴。

朗读对于阅读理解的重要性古来共谈。以前的文人并不像我们现在拥有那么多的朗读知识,但我们可以在鲁迅的《从百草园到三味书屋》中看到寿镜吾先生的朗读,"读到这里,他总是微笑起来,而且将头仰起,摇着,向后面拗过去,拗过去",致使小鲁迅"疑心这是极好的文章"。"书读百遍,其义自见","读而未晓则思,思而未晓则读",这样的古训证明着朗读的重要性,语感正是在这样的朗读中慢慢形成的。


## 二、对照比较,辨析语言

通过文字的增、删、移、换等方法来品味语言,是我们语言品味实践中常用的一种教学手段。学生通过对语言的比较揣摩,感受了语言的深刻含义,领悟了语言的妙用,加深了对作品的理解,更通过对语言的反复触摸提高了对语言的领悟能力和鉴赏品味。

### 1. 换一换

教材中的文章,其文字往往是作家们经过反复推敲后才落定的。教学中,我经常采用变换词语的方式,让学生体会语言的运用,领悟作者匠心之处。

如陶渊明的《饮酒(其五)》中的"悠然见南山",句中的"见"能不能改换成"望"字? 通过比较,学生明白,"望"是有意的行为,而"见"是无意的行为。陶渊明在无意之中,一抬头,南山的"悠然"进入了自己的主观世界中。悠然的人,悠然的山,在相"见"中，互证"悠然"。可见，这"见"字真切地表现了诗人此时因为"心远"而"悠然"的心境。

### 2. 减一减

将课文中某些关键词或重点词去掉来训练学生对语言的感受力。教学《背影》中"父亲攀爬月台"一段，老师可以故意去掉"蹒跚""慢慢""努力"等词语，让学生和原文对照，看看这些词语少了之后，文意的表达缺少了什么。文本中的很多句子，其实我们都可以采用删减的方法来比较，比如《济南的冬天》中，"这一圈小山在冬天特别可爱，好像是把济南放在一个小摇篮里"，如果把后面的"好像"部分去掉，句子的表达就不一样；再比如，在汪曾祺的《昆明的雨》中，"牛肝菌色如牛肝，滑，嫩，鲜，香，很好吃"，把句子里的几个逗号都去掉，那情味还有多少呢！

### 3. 比一比

在阅读教学中，文本中的某些词语，作者用得很独特，要理解其表情达意的作用，需要采用比较的方式，或者横向比较，或者纵向比较，以求得正确的释义。通过比一比，学生能够体会到词义的丰富性。在朱自清的《春》一文中，"鸟儿将窠巢安在繁花嫩叶当中，高兴起来了，呼朋引伴地卖弄清脆的喉咙，唱出宛转的曲子"，句中的"卖弄"是夸耀的意思，为什么用"卖弄"而不用"展示"？通过比较体会，学生不难体会出用"卖弄"更显示了春天的鸟儿那种热情活跃的兴奋劲儿，给春天抹上了一笔生命的亮色。这样的教学，学生会更愉快地学。

### 4. 调一调

把文本中某些语言的顺序加以调换，改变原来的语序来体会作者的用意。朱自清在《春》中多次使用改变句子顺序以强化表达的方式，教师在上课时可采用调一调的方式，如"小草偷偷地从土里钻出来，嫩嫩的，绿绿的"，改变成"嫩嫩的、绿绿的小草偷偷地从土里钻出来"；"春天像小姑娘，花枝招展的，笑着，走着"，调换成"春天像花枝招展的小姑娘，笑着，走着"，学生便可以体会到作者在表情达意上的着重点。

### 5. 改一改

把文本中某些学生易忽视的词语改一下，引起学生重视，关注作者在这个词语上的特别用意。在《女娲造人》中，作者写了这样一个句子："她就顺手从池边掘起一团黄泥，掺和了水，……"上课时，教师可有意把"黄泥"改成"黑土"，引起学生的特别关注,引发学生的阅读积累,使学生构建"黄泥"与"黄河""炎黄子孙"等的文化关联,丰厚学生在文本中的文化学习。

汉语言的丰富性,决定了品味语言的形式的多样化。这样的训练促使学生掌握理解语言的钥匙,让学生理解和运用语言的思维能力出现质的飞跃。

## 三、扣住语境,理解语言

"字不离词,词不离句,句不离篇",品味词语,离不开文章的语境。不能只理解这些语句的字面意思,应在整体把握文意的基础上把握主旨。事实上,离开语境,望文生义,哪怕某些词语是字典词典的解释,有时也会出现误差,甚至还会闹出笑话。联系语境,运用恰当的方法,品味语言的深层意思、感情色彩以及表达作用。

比如,赏析《罗布泊,消逝的仙湖》,理解"没有任何飞禽敢于穿越"一句的意思时,学生们的理解起初只能停留在"太热了""没有水,没有食物"这层意思上。但联系前面"一望无际的戈壁滩",句子还包括着"一望无际"这层意思。学生显然没能联系上下文,没有全面地把握句子的内涵,因此我就引导:"但是仅仅因为没有水,没有食物吗? 如果只要飞半个小时呢? 难道我们的小鸟全是胆小鬼吗?"于是,有学生恍然大悟说:"我明白了,小鸟不敢飞越罗布泊,还因为罗布泊太大了,连自由自在的小鸟也飞不出这死亡地带。"还有学生紧跟着说:"对,对,罗布泊是一望无际的沙子,一望无际的死亡阴影。"这样就把语境中的句子意思理解把握了。

当代语言学家张志公先生主编的《现代汉语》中专门开辟了"语义与语言环境"一节,在文中明确指出:"语言总是在一定的交际环境中使用的,因此,分析语言现象,必须把它和它所依赖的语境联系起来。如果离开一定的语境,把一个语言片断孤立起来分析,就难于确定这个语言片断的结构和意义。"

学习纪昀的《河中石兽》,在理解"然则天下之事,但知其一,不知其二者多矣,可据理臆断欤"这个句子时,如果学生理解的仅仅是"其中的一件事""其中的二件事",那显然跟上面的语境是关联不起来的。学生需要仔细分析上面的语境,寺僧是只知道"水流"一个方面,而讲学家是知道了"石""沙"两个方面,老河兵知道的是"水流""石狮""沙性"及其关系的全方面,才能真正得出本文的主旨是看问题要全面地看。如果仅仅得出"实践出真知"的道理,作为文章的主旨,显然是有问题的。

## 四、想象演绎,体验语言

艺术的欣赏来自欣赏者对艺术的再现和再创造。语言本身具有联想功能,而丰富的联想又能丰满语言形象。因为面对语言,学生往往能通过联想,把语言所描绘的景物、事件,与自己相关的经验世界中的事物和思考联系起来。

如教学《秋天的怀念》时有这样一个环节,针对文本中的"当一切恢复沉寂,她又悄悄地进来,眼边儿红红的"一句,我点拨:那请同学们想象一下,母亲"眼睛红红的",说明哭过了,可是她为什么不当着"我"的面哭?思维联结了学生的生活,学生从"红红的"一词中体会到了母亲内心的痛苦,没有当着"我"的面前哭,是母亲要用自己的坚强来影响"我",学生从这样的想象中体会到母亲的"隐忍"。所以凭借语言进行想象,对于加深对本文句子含义的领会和对人物思想品质的感受,可能要胜过单靠老师的讲授。

教学《罗布泊,消逝的仙湖》,学生在品味"站在罗布泊边缘,你能看清那一道道肋骨的排列走向,看到沧海桑田的痕迹,你会感到这胸膛里面深藏的痛苦与无奈"的句子时,我说:如果罗布泊在奄奄一息中满怀失望和苦痛离开这个她曾经美丽生活过的地方,如果她能开口说话,她会给人类留下怎样的遗言?同学们想象一下写几句。学生们生发出这样的想象:

---

"人类啊!你们应该对自己的行为进行反省了!再不反省,我的命运在不久的将来就是你们的命运,而我真的不希望这样,就像我不希望自己现在这副干枯的模样!"

"回想曾经的我容光焕发,而今的我是一副残存的木乃伊。我抚摸自己道道肋骨,痛苦已经没有一滴眼泪。我仰望苍天,请把湖水还给我,请把飞鸟还给我,请把鲜花还给我……"

---

## 五、表演品味，主客融合

表演品味让学生在感悟和体会的基础上，用自己的言行将其展示出来，产生如见其人或如临其境的情境体验，以此来品味文中语言的含义。让学生做一做、仿一仿，通过自己的动作、体态来体会文本内语言的丰富含义。这是一件很值得做的事。

《竹节人》中范锡林写"黑虎掏心！泰山压顶！双龙抢珠！咚锵咚锵咚咚锵！咚咚锵"，这段话如果只是读读，那真是读不出什么来的。课堂上让学生做动作、打节奏，还原当时的场景，投入到活动中去，学生自然体会到语言的妙处，体会到语言其实是有内部节奏的，于是，学生对语言的感受会深入一层——感受到语言的音律美。当年的竹节人使孩子们沉迷于玩乐中，也鲜活在学生的体验中。

又如，《再塑生命的人》中写道：

> 朋友，你可曾在茫茫大雾中航行过，在雾中神情紧张地驾驶着一条大船，小心翼翼地缓慢地向对岸驶去？你的心怦怦直跳，唯恐意外发生。

让班级的学生蒙住眼睛，在教室里走上一遭，再让他们谈谈自己的感受，然后再来读文本中的这一段，体会小海伦身处黑暗之中、时时感到危险、处处受到限制的担惊受怕的心理。如果能够把这段文字背出，然后闭上眼睛从自己的口中说出，那么文本中人物的内心感受就容易进入学生的内心。这真是一举多得。这样的事情，在教学中要善于多多地发现，可以很好地唤醒文本，唤醒学生，课堂会变得很大很宽。

语言是语文教学的立足点和出发点，文化传承、思维品质和审美情感都由语言而来。扎根语言，是语文教学的根本所在。

# 第三章

# "明亮语文"的文本观

　　文本是教师和学生互动的重要资源。学生要从文本中获得有助于他们成长的营养,则需要老师首先能够勘探这个宝藏,能够发现宝贝,才能通过课堂,和学生一起来采掘这些宝贝。每一个文本都是作者之"心"的物质化,有着它独特的"美""巧"和"细"。阅读是一场以心换心的交谈,又是一场心智的测试和磨炼;它们是老师进步的阶梯,也是学生成长的阶梯。努力让自己成为语文文本的成熟阅读者。

# 第一节 发现文本的美

课堂上的选文都是文质兼美的。一个老师,如果善于在文本中发现这些美,有助于促进学生的学习,培养他们的审美品质,提高他们的素养。

## 一、《我的伯父鲁迅先生》里的人性美

"伯父鲁迅先生在世的时候,我年纪还小,根本不知道鲁迅是谁,以为伯父就是伯父,跟任何人的伯父一样。"在年纪还小的"我"眼中的伯父就是一个跟任何人一样的伯父,那么,这是一个怎样的伯父呢?

"我"回忆了有关伯父的几件事:谈《水浒传》,谈"碰壁",燃放花筒,救助黄包车夫,关心女佣。

在"我"的记忆中,伯父是亲切随和的人,一点都没有长辈的架子,似乎是"我"的好伙伴。听了"我"张冠李戴地乱说一气《水浒传》,伯父的表现是"摸着胡子,笑了笑,说:'哈哈!还是我的记性好。'"针对"我"不好的读书态度,伯父与一般好为人师的长辈不一样,一副自我表扬的调侃味,气氛轻松,丝毫没有批评指导的语气,可是效果却很大,使"我"又羞愧,又悔恨,比挨打挨骂还难受,从此,"我"养成了认真读书的态度。伯父还送"我"两本他自己翻译的童话书。伯父关心、爱护孩子有他独特的方式,在玩笑式的谈话中使"我"受教育,通过送书的方式引导"我"。真是教育无痕,我们看到了鲁迅先生的高超智慧。

伯父不仅亲切随和,而且谈吐也幽默风趣,令人欢笑。他竟然说自己的鼻子是因为碰壁碰多了才扁平的,而且还说得合情合理,让"我"恍然大悟。这样趣味盎然的伯父让"我"很难忘记。

伯父有时候简直像个天真爱玩闹的孩子。看看伯父燃放花筒的情景,出现了"我"从来没看见过的表情:"那么慈祥,那么愉快,眉毛,眼睛,还有额上一条条的皱纹,都现出他心底的欢笑来。"伯父是一个爱玩的大小孩。这样的伯父让"我"难以忘怀。在"我"眼里,伯父是个很温馨的人。

伯父是一个品德高尚的人。伯父事先并没有看到这个脚底被插进玻璃片的

黄包车夫,但知道了之后,就不顾呼啸的北风、阴暗的天色,拿了药和纱布亲自出来为车夫包扎伤口,一个著名的作家给车夫洗干净伤口,敷上药,扎好绷带,还掏出一些钱来给车夫,把剩下的药和绷带也给了他。伯父的所作所为就像是一个哥哥对弟弟的照料。车夫的不幸遭遇和艰辛生活带给伯父复杂的思绪和沉郁的心情,使他久久地深陷其中,发出深深的叹气。对底层劳动人民的不幸,伯父给予真切的帮助,而且也为他们的不幸而心情沉重。他始终是一个为自己想得少,为别人想得多的人。在他自己病得很厉害,还三更半夜写文章的时候,倒常常叫自己家的女佣阿三多休息,不让她干重活儿。伯父无论在车夫还是在阿三那里,都是一个好心人,一个温馨的人。

通读全文,我们可以看到伯父是一个很重亲情的人。文章回忆了五件事情,其中谈《水浒传》、谈碰壁、放花筒、救助车夫这四件事,都发生在伯父家里或者去伯父家的路上。文中还有一句写道"那时候每到周末,我们姐妹三个轮流跟随着爸爸妈妈到伯父家去团聚",我们能够感受到伯父对家人的关爱。他作为家中的大哥,很重亲情,关爱家人,经常让弟弟一家来自己的家里团聚。在"我们"家人的眼里,他是一个很温馨的大哥。

为什么伯父去世的时候,"送挽联送花圈的有工人,有学生,各色各样的人都有"? 为什么伯父得到这么多人的爱戴? 因为,伯父既是一个与任何人一样的伯父,又是一个不一样的伯父,伯父对于"我",对于"我们"家人,对于黄包车夫,对于女佣阿三等的人们,都是一个关心、关爱的人,一个温馨的人。

## 二、《月光曲》的情感美

《月光曲》一文写的是贝多芬所谱名曲"月光曲"的来历。美景、美情、美曲,让我们沐浴在皎洁的月色下,心如水清,神如月朗。看上去一望而知的文章,细细品味,却意味悠长。

### 1. 温暖的情感美

贝多芬在茅屋外听到兄妹俩的对话:"是呀,可是音乐会的入场券太贵了,咱们又太穷。"哥哥因为穷而感到内疚,觉得对不起妹妹。"哥哥,你别难过,我不过随便说说罢了。"妹妹对音乐那么热爱,又很体谅哥哥,用这样的话来宽慰哥哥。简单的对话表现了兄妹间的手足情深。被这对兄妹的美好感情和妹妹对音乐的痴迷而打动的贝多芬,把心中的感动化作动听的音乐来感谢和抚慰两颗渴望的心。这份感情显得真挚而深切。这样美好的感情孕育了《月光曲》这朵艺术之花。

2. 流畅的构思美

文章主要通过贝多芬的视角来展开。从贝多芬去散步,走进茅屋,到离开茅屋飞奔回客店,一路下来,写得非常流畅,其中之妙,在于三次"意外"的巧妙运用。

第一次"意外"是贝多芬在幽静的小路上散步,"意外"听到了茅屋里传来的钢琴声,弹的正是他的曲子,所以他就进去了;第二次"意外"是他走进茅屋,发现弹琴的是盲姑娘,故而他为姑娘弹琴;第三次"意外"是当贝多芬弹完一首曲子后,发现盲姑娘爱音乐,懂音乐,是位音乐行家。文章就是通过三个"意外",巧妙地推动情节向前发展,层层演进,在感情的发展上不断攀升,走向激昂和陶醉,开放出美好的花朵——《月光曲》。

3. 高妙的艺术美

通过皮鞋匠的想象,文章呈现出贝多芬手指间滑出的旋律,展现为三幅渐次变化的画面:第一幅,从"月亮正从水天相接的地方升起"到"洒满了银光";第二幅,从"月亮越升越高"到"一缕一缕轻纱似的微云";第三幅,从"忽然,海面上刮起了大风"到"朝着岸边涌过来"。

我们通过三幅画面的描述一下感受到了这首曲子的旋律。旋律起始是一段舒缓的节奏,营造出清幽的氛围,令人联想到月光笼罩下的幽静。第二部分,曲子旋律逐渐增强,节奏也稍快,仿佛明月穿过轻盈的微云,多了一点朦胧感。第三部分,旋律达到了高潮,是高昂、急促、激越的,令人联想到月光照耀下的波涛汹涌的大海。

音乐是心灵的歌唱,情感的流淌。旋律的高低起伏、张弛变化,是贝多芬的情感之河在奔流向前。是的,清亮的月光下,一切都是那么美。美好的音乐应该给予爱好音乐的盲姑娘兄妹俩,所以贝多芬的心情是平静而喜悦的。想到盲姑娘竟然从音乐中听出弹奏者时,贝多芬的心情变得十分兴奋。想到如此痴迷音乐的竟是个穷苦的盲姑娘时,贝多芬激动的心情达到了高潮,旋律高昂激越,久久不能平静。这一曲《月光曲》,有层次,有画面,有节奏,有真情,展现出高妙的艺术之美。

文章的美是作者精心经营的结果,仿佛溶化在水里的糖一样,粗看是看不出的,需要好好地品一品。当我们用心阅读,仔细品味,咀嚼出滋味来的时候,我们会享受到更多的阅读快乐。

## 三、《外婆的手纹》的哲思美

李汉荣以优美深情的语言回想着外婆精巧的针线活手艺:外婆看似用一针一线缝补衣物,实际上用一份仁慈、安详、宁静,编织着真实、朴素的生活。

### 1.仁慈、安详和宁静——外婆的哲学

> 外婆做衣服是那么细致耐心,从量到裁到缝,她好像都在用心体会布的心情。一匹布要变成一件衣服,它的心情肯定很激动,充满着期待,或许还有几分胆怯和恐惧:要是变得不伦不类,甚至很丑陋,布的名誉就毁了,那时,布也许是很伤心的。

这段话很好地写出了外婆的生活哲学,或说是人生的哲学。虽然现在把哲学给予一个农村的老人,她也许不懂,但是外婆以自己的生活方式最好地阐释了这种人生智慧。这种智慧就是作者要临摹的外婆的心境:仁慈、安详和宁静。

外婆的仁慈接近圣人,属于那种"生知安行"的人。因为仁慈,所以在文章中我们看到的是她对于布料成衣过程的虔诚体验。在外婆仁慈的心境里,万物都有灵,无论是动物还是植物甚至是布料,都具性灵,都有喜怒哀乐的情脉流动起伏,都和外婆一样知冷知热。因有这样通达万物的性与灵,所以,外婆是不愿意委屈她们的。一段成衣的布料,一件需要补丁的衣服,甚至一个装饰枕头、鞋垫的图案,外婆都不会去委屈她们,因为,外婆知冷知热,因为外婆和她们息息相通。

不委屈她们,就要有一种方式使她们获得存在之快乐、存在之尊严。艺术于是成了最好的方式,美成了外婆仁慈心境的一种自觉追求。这种追求在文章中就是外婆对生活的审美实践。文中有这样一句话:"无论做衣或做人,心里都要有一个'样式',才能做好。"句中的"样式",在我看来,就是存在于外婆心中的"审美理

想"。在对"审美理想"的自觉追求中,做衣服要使衣服好看,使衣服满意,做衣服要尊重衣服的尊严。因此,我们看到了外婆做衣服时的那套程式,"洗手",衣服"穿得整整齐齐",身子"坐得端正","在高高的天空下面""神情显得虔诚,而且有几分庄严",这程式几近神圣,是对人的神思的过滤、净化,是对布料成衣的虔诚和尊重。在程式里,逐渐地形成了安详和宁静的意境,人进入这样的意境,便与天地之心相合,与自然万物神通。文章第 10 小节写道,外婆的艺术灵感来自大自然,说外婆"常常对着天空的云朵出神"。凝视是一种仪式,也是一种虔诚,而出神则是外婆神游身外,与万物相交。外婆从身外回来的时候,作者用了"如梦初醒般"来形容,正是这样的天人合一,外婆对大自然的临摹,不是貌似,而是神形皆备,才会没有任何草稿地挥针而就。这种对美、对艺术追求的神圣感,既纯粹了外婆的生命尊严,也纯粹了艺术尊严。这正是浮躁的现时代逐渐在消失的神圣,一个没有任何神圣的时代,一定是一个悲哀的时代。

外婆对"审美理想"的追求和实践是以她的所能贯穿在生活中的。外婆深深地知道,在那个"打补丁的日子"里,生活中的委屈太多了,外婆要用她的艺术,她的美温暖艰辛的生活,尽可能地捍卫人活着的尊严。于是补丁的衣服经过外婆的手成了艺术品,各种生活的用品经过外婆的手成了艺术品。外婆以她的仁慈之心让生活显现着艺术的温暖,让生命因为美的存在而显现着尊严。同样,外婆的仁慈通过艺术的转化成为一种审美,传递着亲情,呵护着生命。外婆是安详而宁静的,我们在枕套和鞋垫上看到的不是"长命百岁""福禄双至""鹏程万里""双喜盈门"之类,而是山水小品,外婆用她的艺术品传递给孩子的亲情也是安详而宁静的,也许外婆是想要告诉作者:安详、宁静是一种美,这种美在自然,在山水。

总之,在我看来,外婆是一个具有大智慧的人。这种大智慧就是仁慈、安详而宁静的心境。把这种智慧实践为"审美理想"的追求,温暖生活,捍卫一切生灵的尊严,让活着成为审美的过程。

### 2. 抒情——圣人的世间相

慈善是一种性格,仁慈是一种境界。冯友兰先生在《人生的境界》里把人生分成自然、功利、道德和天地四种境界。天地之境,是追求人与自然乃至宇宙的和谐与平衡,是谓"圣人之境"。我以为外婆达到的就是这样的圣人之境。

圣人之境,在我的印象当中,他们在人世的作为方式主要体现为一种抒情:抒情地生活,安详而宁静地生活。她做衣要合体而好看,合体而好看的衣服其实是外婆爱的外相;她做衣时那一套庄重的程式,是爱的姿势;她补的衣服成了艺术品,这是爱的结晶。外婆是大自然的聆听者,也是大自然的歌唱者;是生活的承受者,更是创造生活的人。外婆的歌是衣服,是图案,外婆的歌是神态,是姿势,这都是外婆对自然、对人世、对生活的抒情。这种抒情在作者的临摹中得以传递和复活,并转化为作者的抒情。

作者的抒情是散文,是形象的描写。作者对外婆的抒情全部融合在对外婆的形象化描写中,我们要真切地感受到作者的抒情,好好地品味呈现在作品中的形象,好好地品味作者使用的表达方式和语言形式。虽然我们不能达至圣境,至少我们能闻到圣境的气息。

3. 功夫——悟得智慧的途径

作者在文章的最后写道:

> 我看见天空上,永不会失传的云朵和月光。
> 我看见水里的鱼游过来,水仙欲开未开。

读到这里,我在想,天空的云朵和月光,水里的鱼,自然的水仙,都早已存在,作者为什么在文章的结尾用两个分行来写?联系文章看,作者要表达的显然是这样一个意思:在没有一针一线地临摹外婆的手纹获得外婆的心境之前,作者对这些自然之物是视而未见、看而未觉的,与外界之物始终是相隔的;而在一针一线临摹外婆的手纹、外婆的心境,逐渐地获得外婆的仁慈、安详和宁静的心境之后,他变得心如明镜,从而真正地看见了自然。

我不知道外婆是如何达到这样的境界的,但有一点可以肯定,外婆的那套程式对于外婆的修为是很重要的。外婆可能就是在这样的程式中使自己的圣人心境获至圆满。作者是虔诚的,为了获得这样的心境,他下的功夫可谓刻苦,刻苦加虔诚,仁慈、安详和宁静逐渐地浸染作者的心胸。也许正是这份心境的逐渐获得,让作者看见了天空,看见了大自然,也发现了身边的美好。本文对外婆的发现就是明证。于是,这种智慧于作者也化为了对艺术美的追求,他的散文朴素、自然而温情脉脉,充满了对生命的审视和关爱。

作为一个读者,一个尘世的俗人,有时候也希望自己能够真正地看见天空上,永不会失传的云朵和月光;看见水里的鱼游过来,水仙欲开未开。于是阅读这样的散文,不仅是快乐的享受,更是悟道明心的修炼。

## 四、《马来的雨》里的诗性美

拓展阅读《马来的雨》属于游记,游记类的写景抒情散文在我们国家有着悠久的文学传统,文本里的景虽然有着很多的客观属性,但也有着很多欣赏者的心灵属性,这景往往是心灵化了的景。这是我们读这类文章时要经常提醒自己的。《马来的雨》作者写的虽然是异域的风情,但这风情更多的是一个中国文人眼里的风情,更多地弥散着中国的审美传统。我不清楚如果用马来语言、马来文化来表现马来的雨,会不会有那么多中国风味的含量。

### 1. 诗情——悠久的中国传统情致

作者在文章的最后写道:"马来西亚的魅力,在雨季。"那么雨季的马来西亚的魅力到底是什么呢?用作者的话来说,"是风景,也是风情"。以我读文本的感受来说,这魅力就是"诗情",就是生生不息、绵延不绝在我们唐诗宋词里的诗韵情韵。

从文本来看,这风景是马来西亚的雨,是在马来西亚三个不同地方出现的三场雨景;而风情呢,是淋雨的人和驾车乘车的人共行,是"用马来西亚的方式爱你"。但,这景、这风情是不是真属于马来西亚的景、马来西亚的风情呢?我说:是的,又不完全是。

说她不完全是,因为这景、这风情是经过作者心灵过滤的,染着作者的心灵色彩。文本里表现的雨景之美有着三种风格:一是闲适之美,二是天真之美,三是壮观之美。这些美都染着作者的主观感受、个人化审美,是带着中国传统情致的。

比如闲适之美。作者在聆听的时候,使用的词语是"韵味""泻下""芭蕉""圆润"等,都有着很浓厚的中国诗情味道。再看作者听雨时所产生的联想,"大珠小珠落玉盘""水帘声响""金戈铁马"等,读过这些诗词的人都会产生潜在的联想,浮漾起或浓或淡的温暖诗意,这温暖是中国古典式的。

再如天真之美。在雨中"淋"着,这份难得的清凉是马来西亚人要尽情享受的吗?或许是或许不是,但肯定是初次去马来西亚的作者的独特享受。这种享受对于作者来说充满了回归童年的意绪:天真烂漫,俗念远消。成年人的心态在马来西亚的雨中被诗化了,赤子童心,顺其自然。这是老子、庄子理想中的人生形态。一份中国传统的诗情在马来西亚的雨中被"淋"开了。

"用马来西亚的方式爱你",这爱也是作者主观猜测的爱。作者说"不知歌词如何",我想,在这里,作者只想取其名为自己的意图服务,至于歌词则根本没有必要去考虑了。所以,这马来西亚的方式,也是作者主观意念中的,没有尘俗世念的纠缠不清,是纯粹情感领域里的波澜壮阔、惊心动魄。感情的这份纯粹是中国传统文人的情感理想。

所以,就我个人的阅读而言,作者写的是马来的风景,传达的却是中国传统的诗情。这诗情因为闲适、天真和壮观而成了风情。这风情我个人认为是"风情万种"的那种风情,而不是"民族风情"的那种风情。

作者胡绳梁对这篇文章说过这样的话:"游记不是说明书,不是导游图,而是景色的个性化诠释。每个人的感受不一样,写出来的文章自然也会不同。同样的景,在千百人的笔下,就成了千百样的景。可谓景不变,而人心变也。精彩的游记乃至所有样式的散文,都应该是独家的。"①以此作为一证。

2. 寻美——不变的回乡之路

让心灵栖息的地方是我们的故乡,诗情便是这故乡的名片。阅读这篇文章,我听到的就是作者回归故乡的召唤。

作者在描绘马来西亚雨景的三个语段中,每个语段后面都有一个剪接进去的语言材料。把三个语言材料连接起来,仔细聆听,这是作者真诚的呼唤。

"据说有钱的马来人要么迁居城里,要么盖起高楼瓦屋,舒适是肯定的,但这听雨的享受却没有了。"舒适是有了,心灵的闲适却远去了。

"马来西亚的车很多,世界各地的名车几乎都能见到,这里的车价与其他物价

---

① 《语文学习》编辑部.课文作者谈课文[M].上海:上海教育出版社,2014:72.

相比似乎不贵,因此私车并不稀罕。车在雨中窜来窜去,很霸气地甩出整排整排的雨水来。驾车乘车的人在空调里没有暑苦,当然也体会不了那雨的清凉,现代文明有时离大自然是远了些的。"暑苦是没有了,但那份自然的清凉,那份活泼的童心也消失了,消失的恐怕还有"性情中人"的那份性情。

"用马来西亚的方式爱你",没有了那份童心,没有了那份性情,哪里还有波澜壮阔、惊心动魄的爱情?

三个剪接的语言材料,是作者对生活在现代生活方式下的人们的真诚呼唤,回乡,去找寻那一份闲适之美,天真之美,壮观之美,让心灵得到滋养,让栖居成为诗意。

这里也引用作者谈论这篇文章的一段话:"散文唯美些也应当是一种艺术的追求,在如此烦躁的年代与快节奏的社会中,有点美的闲情逸致,难道不是一种享受吗? 散文可以是咖啡,可以是香茶,是能让人赏心悦目地怡怡神的。"[1]

对这篇散文的阅读,我有一个比较深的体会,那就是好的写景抒情散文,是开放在心灵上的花朵。文中的景是花朵,虽然这花朵原本属于自然,但是浇灌哺育她的,赋予她以性灵、精、气、神的,是人的心灵。所以,当我们阅读一篇好散文的时候,是一次心灵的旅游。读《马来的雨》如此,读《荷塘月色》亦如此,读《小石潭记》又何尝不是如此!


## 五、《贤人的礼物》里的爱情美


黛拉和吉姆是一对贫穷的夫妻,生活可谓寒酸,吉姆每月工资是二十美元,扣掉每月八元的房租,还剩十二美元。黛拉为了给自己的丈夫吉姆买圣诞礼物,好几个月来都在省吃俭用,甚至因为讨价还价还落下一个"死抠"的坏名声。可是,即使这样,几个月之后节省下来的也不过一元八毛七角钱。因为穷,社会关系也降到零点,没有人和他们联系了。"贫穷夫妻百事哀",贫穷带来的悲剧在任何社会都不胜枚举,俯拾皆是。然而《贤人的礼物》中这对贫穷的小夫妻却温暖了我们,让我们觉得贫穷虽然可怕,但还不至于让我们绝望。因为真挚的爱流淌于我们的

---

① 《语文学习》编辑部.课文作者谈课文[M].上海:上海教育出版社,2014:72.

心间,温暖了我们寒酸的日常生活,让我们憧憬美好的明天,并为此心甘情愿地努力。

黛拉是那么深情地爱着自己的吉姆,无私地默默地为他付出着。为了替丈夫买一个圣诞礼物,她从几个月前就开始筹集资金了,为此不惜和店老板们讨价还价,承受"死抠"的名声,要知道黛拉可是一个美女啊。她因为筹不到钱而伤心落泪,替自己的丈夫难过。百般无奈之下,她把自己身上最珍贵的一头长发卖掉了,然后兴奋地在街道的店铺之间奔跑寻找了两个小时,千挑万选出让自己丈夫身上的传家宝增辉的表链子,想象着自己的丈夫在众人面前拿出金表白金链子时的那份高贵典雅的风度。这个女孩子的心思,整个儿都放在了自己心爱的人身上,为他付出了一个女人所能付出的一切:美丽、智慧、面子、悲喜和辛劳。她之所以这么痴痴地爱着吉姆,是因为吉姆当得起这份爱。吉姆每天都准时回家,一个人在外面辛苦挣钱,没有手套,衣服都是旧了的。这是一个有责任心的男人,家在他心中的地位很重,"准时"一词含义丰富。这个男人重行动而不重言说,在圣诞节他给黛拉买回了一套黛拉一心向往却从不敢奢求的整套梳子。这个男人总是把黛拉放在心中,看着她,想着她的所要,然后默默地付出行动,即使需要他把自己的传家宝付出去,也无怨无悔。在黛拉的眼里,吉姆就是这样一个"朴素高雅,纯粹以质地取胜"的男人。

"楼下过道里有一个信箱,却没有一封信投进去。有一个电钮,却没有一个活人的手指好意去摁一摁电铃。"贫穷就是这样,人们都会像避开瘟疫一样唯恐避之不及。这对小夫妻却用自己身上最珍贵的东西去给心爱的人换来他们最想要的东西,最后这些东西看似变得更加无用,却能充分表达自己对爱人的最纯真的爱。最后这对贫穷夫妇看着自己最想要的现在却已无用的东西,深情地拥抱在一起。幸福让他们的小屋蓬荜生辉。穷不可怕,可怕的是心中没有了爱;心中有爱,无论贫穷还是富有,幸福都会在心头。

## 第二节　读出作者的心

文字是宫殿,作者就是国王。言为心声,每一篇文章,都是作者的用心之作。我们读者,自然要由文字触摸作者的心灵,聆听心灵之声。

### 一、挥不去的悲伤——读《那个星期天》

语言深处有什么?我们一起来看看史铁生的《那个星期天》。

史铁生在多年以后写下了《那个星期天》,无数个星期天里的"那个星期天",像文字印在书页上一样烙印在他的记忆之书上,成为抹不去的过去、现在和未来。

反复念叨的"走""去"里的悲伤。那个星期天,从早晨到下午,一直到天色昏暗下去,"我"这个盼望母亲在这个星期天带出去玩的孩子,反复地念叨着"走吗""去吗":第三节中"走吗";第五节中"走吧,您不是说买菜回来就走吗","去吗?去吧,走吧,怎么还不走呀?走吧……";第六节中"还去吗""走吧"。一个孩子"走吗""去吗"的念叨从早晨一直呼唤到天色昏暗下来,这是孩子在那个星期天里的唯一期盼,也成为了贯穿文章的一条线索,一个孩子的恳求响彻整篇文章。多年后回望那一天,悲伤如同河水流过那个星期天。

辛苦努力均告失败里的悲伤。母亲总在忙着,一件事完了又是一件事,为了能够挨过这等待的时间,"我"做了很多的努力,"藏在大门后,藏了很久",没有人来捉迷藏的"藏",这个孩子需要多大的自我克制力!想象一下,一个孩子为了藏很久,他能做些什么呢?当母亲去买菜时,"我"为了度过这段不好挨的时光,跳房子,看云彩,拨弄蚁穴,想象画报上女孩子们的种种状况。一个小孩子为了打发时间,千方百计地想出方法来玩,该有多累!可这些努力都落空了。在上午后来的时间里,"我"就追在母亲的腿底下,可母亲的两条腿停不下来。下午睡醒后"我"蹲在母亲身边,看她洗衣服,再不离开半步。可是,光线渐渐暗下去,"我"忽然明白了……一整天里,"我"为了实现"到底让我盼来了"的"盼",付出了一个孩子尽可能付出的所有努力,最后还是落空了。这份悲伤该有多大。

视点变化里的悲伤。母亲买菜回来却又翻箱倒柜忙开了,"我"念念叨叨地追在母亲的腿底下，看她做完一件事又去做一件事。这里描写的视点发生了变化，把母亲的腿称为"它们"："它们不停下来，它们好几次绊在我身上，我好几次差点儿绞在它们中间把它们碰倒。"短短的句子里，却用了四个"它们"，母亲在孩子的眼里变得陌生、机械，成了没有感情的物件，失望让孩子的感觉变异了。第7节写道："那个星期天，本该是出去的，去哪儿记不得了。男孩儿蹲在那个又大又重的洗衣盆旁，依偎在母亲怀里，闭上眼睛不再看太阳，光线正无可挽回地消逝，一派荒凉。"文章一直是以"我"的视角来写的，但是在这里，视点发生了变化，这是写文章时的"我"在看着那个星期天里的"我"，作者用了第三人称"男孩儿"，多年后写作中的"我"依然感受到那个孩子失望后的深重悲伤。

回忆中的悲伤。那个星期天里"我"因为没能实现"盼望"而感受到的"一派荒凉"，在多年后依然没有远去，在文章中多次体现：第5节中"那两条不停顿的腿至今都在我眼前晃动"，第7节中"我现在还能感觉到那光线漫长而急遽的变化，孤独而惆怅的黄昏到来，并且听得见母亲咔嚓咔嚓搓衣服的声音，那声音永无休止就像时光的脚步"。"那个星期天"成了"我"无法忘记的一天，因为悲伤而永远地生长在"我"的记忆中，甚至生命里，这悲伤可能绵延一生。

痛惜母亲辛劳的悲伤。作者现在回望"那个星期天"，他应该看到了"那个星期天"里的"我"不曾关心过母亲。那个母亲的忙，就像"我"的期盼一样，"从早晨到下午，一直到天色昏暗下去"。"我"的母亲为这个家忙个不停，停不下来，她连实现答应带孩子出去玩的时间都没有，想必，更没有时间来满足个人的需求吧。在回忆自己的悲伤里，作者清楚地看到了整天忙忙碌碌的母亲，辛苦操劳的母亲，想到母亲这样的一生，现在的"我"体会到"那个星期天"里更多的悲伤。

失去母亲的悲伤。作者在最后清楚地写道："母亲发现男孩儿蹲在那儿一动不动，发现他在哭，在不出声地流泪。我感到母亲惊惶地甩了甩手上的水，把我拉过去拉进她的怀里。我听见母亲在说，一边亲吻着我一边不停地说：'噢，对不起，噢，对不起……'"多年以后，母亲去世了，作者拿起笔来写这篇发生在遥远的"那个星期天"里的母亲，那么清晰地写出了母亲因为看到儿子的悲伤而内心惊惶不安，用怀抱和亲吻来安慰"我"，给予"我"温暖的慰藉。而现在，写这些文字的时候，母亲已经永远地离开了人世，从此以后，"我"在人世间因"盼"的失落而遭遇的悲伤，将再也没有母亲用怀抱和亲吻来安慰"我"，这样的悲伤将是"我"永久的"一派荒凉"。

"那个星期天"仿佛远去了,然而,对于"我"来说,永远也不会远去,那个努力的男孩,那个辛苦的母亲,那孤独而惆怅的黄昏,一直在"我"行走的路上。

## 二、高山流水,知音难觅——读《伯牙鼓琴》

《伯牙鼓琴》是部编版六年级第一学期的一篇文言短文。原文如下:

> 伯牙鼓琴,锺子期听之。方鼓琴而志在太山,锺子期曰:"善哉乎鼓琴! 巍巍乎若太山。"少选之间而志在流水,锺子期又曰:"善哉乎鼓琴! 汤汤乎若流水。"锺子期死,伯牙破琴绝弦,终身不复鼓琴,以为世无足复为鼓琴者。

短文讲了伯牙和锺子期两人之间深刻相知的故事,特别是当锺子期死后,伯牙摔破了琴扯断了弦,此生再也不弹琴了,真令人唏嘘感叹。锺子期死后,没有了朋友,也没有了琴声相伴的伯牙,他的余生会是怎样的寂寞和孤独啊! 他以这样的方式来怀念自己的知己,敢问世人,有几人可以做到! 每读于此,我看到的是苍茫的高山、浩渺的流水,千年万年,遗世而独立着。

"以为世无足复为鼓琴者",这是伯牙的浩叹,"这个世上再也没有值得为他弹琴的人了!"锺子期为何"值得"伯牙如此孤独寂寞地付出自己的余生? 从文中看,锺子期是个"善听"的人。当伯牙鼓琴"志在太山",锺子期就赞言"巍巍乎若太山";当伯牙鼓琴"志在流水",锺子期就赞言"汤汤乎若流水"。他真能听啊,他不但听出了伯牙用音乐描绘的高山、流水,而且听出了高山的"巍巍乎"、流水的"汤汤乎"。伯牙在音乐中描绘的物象之形色,他都能够洞若观火,秋毫明辨。世上怎会有这么一个如此懂音乐的人! 善鼓琴的伯牙怎能不为之感动! 人总是希望遇到懂你的人,而锺子期的懂,不仅仅在于懂音乐,更在于懂人。伯牙用音乐描写的"高山""流水",作者用的词语是"志",解释为"心志、情志",伯牙用音乐表达了自己的志向志趣,追求志向高远,心胸博大,向往高雅脱俗的山水间的生活。而锺子期从音乐中懂得了一个音乐人对人生的追求。我们是否可以大胆猜测一下锺子期的人生追求,是否像伯牙一样向往高雅脱俗的山水间生活?两个人以音乐为媒介,通过音乐的语言,触摸了对方的心灵,并彼此深深感动、惺惺相惜,把对方视为另一个"我"。我想锺子期对于伯牙的"值得"就在于这里吧,所以当锺子期死后,伯牙才会"破琴绝弦,终身不复鼓琴,以为世无足复为鼓琴者",他将用自己寂寞孤独的余生来怀念自己的"高山""流水"。

## 三、包容、谦和、无我——读《藏戏》

马晨明的《藏戏》一文围绕藏戏的主要特点,从藏戏的起源、藏戏中的面具、藏戏的演出形态等方面展开说明,让读者对藏戏有所了解,也感受到藏戏的独特魅力。

文章说明的是藏戏的特点,更为重要的是,作者字里行间颂扬的是隐藏在藏戏特点中的精神品质,主要表现在这样四个方面。

首先,表现在唐东杰布的传奇故事里。一无所有的唐东杰布目睹雅鲁藏布江的凶险噬命,许下宏愿,发誓架桥,为民造福。他结识能歌善舞的七兄妹,组成第一个藏戏班子,用歌舞说唱的形式,劝人行善积德,出钱出力,共同修桥。人们纷纷或布施,或投身架桥工地,最终,天堑变通途,一座座桥横架江上。小人物创造惊人奇迹,把平安带给无数的藏民,藏戏种子也撒遍了雪域高原。藏戏起源的故事里洋溢着行善积德、为民造福、勇于创造、勇于奉献的崇高精神品质,一代一代地传唱着,这精神这品质也就一代一代地流传着、滋养着雪域高原。

其二,表现在面具的特色中。作者写面具的象征特点时,首先用了两个独句成段的段落:

国王的面具是红色的,红色代表威严。

王妃的面具是绿色的,绿色代表柔顺。

两句都用判断句,干脆利落,整齐而美观,红、绿两种颜色,纯净而醒目,唤起人们心中美好的情愫。

而写邪恶的面具时,句子就变化了,节奏也相对迟缓了:

> 巫女的面具是半黑半白,象征其两面三刀的性格。
> 妖魔的面具青面獠牙,以示压抑和恐怖。

杂色而丑陋,句子也故意打破了原先的整齐,带来的不和谐给我们错乱感。

两相对照着读一下,就觉得这是作者在鲜明地表达藏戏所具有的扬善惩恶的精神特色。

其三,表现在藏戏的舞台选择和乐器使用上。文中是这样写的:

> 雪山江河作背景,草原大地作背景。藏戏的艺人们席地而唱,不要幕布,不要灯光,不要道具,只要一鼓、一钹为其伴奏。他们别无所求,只要有观众就行。

这段话语里,作者使用了三个"不要"和二个"只要"。我们来比较体会一下,如果换成三个"没有"和二个"只有",对于说明藏戏演出时没有舞台、乐器简单的特点没有任何影响。但是,作者偏偏使用了"不要"和"只要",在选择性的强烈对比中,凸显出藏戏的简朴性、民间性、奉献性等艰苦奋斗的品质。如果用"没有""只有",那么只能表现出藏戏有多么的委屈,多么的无奈。

其四,表现在藏戏的表演形态上。藏戏的情节可以任其拖延,唱腔、舞蹈可以随意发挥,一段戏可以重复,一出戏可以演三五天,观众在吃喝玩耍中看戏,双方随心所欲,优哉游哉。这藏戏的表演就像江水的流动,入乡随俗,随遇而安,却又像水那样,滋润大地,滋养万物。大道至简,藏戏如水,流淌着的是包容、谦和、无我的大德。

藏戏，一代一代地传唱在雪山江河、草原大地，她的优秀品质也滋润、养育着一代一代的藏族人民。

## 四、摇摆的苏轼——《记承天寺夜游》

很多人都喜欢苏轼，为什么呢？我们不妨看看他写的《记承天寺夜游》：

> 元丰六年十月十二日夜，解衣欲睡，月色入户，欣然起行。念无与为乐者，遂至承天寺寻张怀民。怀民亦未寝，相与步于中庭。庭下如积水空明，水中藻、荇交横，盖竹柏影也。何夜无月？何处无竹柏？但少闲人如吾两人者耳。

第一句"元丰六年十月十二日夜"，把时间交代得清清楚楚，那么，元丰六年十月对于苏轼来说到底发生了什么事情？当时，作者正因"乌台诗案"被贬谪到黄州任职。由时间的交代，我们可以追索出作者此年此时的命运遭际。一个被贬之人，远离朝廷，对于一个"持节云中，何日遣冯唐？会挽雕弓如满月，西北望，射天狼"的人来说，心中的不甘自然蕴含其中。解衣欲睡，是正常人的正常表现。但紧接着不寻常的情况发生了。"月色入户"，明月高悬天际，月色仿佛有情人一样，不期然地进入到作者的卧室里。来者也许无意，也许有情，但对于"欲睡"之人，平地起波澜，心情陡然"欣然"，喜悦之情油然而生。作者的心情不被贬谪之事所束缚，一点点大自然的月色就让作者心情为之欣然，并欢悦得要"起行"。卧室里一点点月光满足不了作者此时的心悦，他要到外面看看，他要看看更为广大的月色。

"念无与为乐者"，"无与"一词暗示着作者孤独一人，孤身无依。由此，我们可以看出作者一不为被贬所困，二不为孤独所围，活跃于心中的审美心态让他和月色相遇而欣然。我们也可以感到一个人从小培养的审美心态其实有时候是可以拯救人的。作者这里的心思有一转，就是"念"。这个"念"与下文中"但少闲人如吾两人者耳"相呼应，这是作者在月色之下的两次心理活动，也是作者两次在月色下与尘世的交往。"念"之下,想到的是要找一个游伴,够这个游伴资格的那时就唯有张怀民了。因为怀民寄身的承天寺估计不远,他又是一个被贬之人,猜想他与自己有同好。后文中"怀民亦未寝","亦"字显露了作者的欣喜,"亦"字也排遣了作者之前"无与"的孤独。现在的作者可以全身心地投入到月色之中。"相与"两字多好,刚才的"无与",现在的"相与",形成对比,孤独之味消失了。在此状态下,月色到底有多美,多皎洁,现在就出现了。"搁置"的月色,到现在才真正现身,一幅画迟迟地出现了。月色的皎洁和朗照,不用烘托手法,很难加以表现。作者巧妙之处在于用水做喻,用藻、荇做烘托,用"盖"点明自己的沉醉。审美心态给了他一个多好的境界,让他全然忘记了人间的事情、自己的事情。然而,苏轼毕竟不是老子,不是庄子,他不可能长时间在这样的月色之中游弋,心里还是挂念着尘俗之事,你看,他还是要表达不平的。"何夜无月?何处无竹柏?但少闲人如吾两人者耳。"他既为自己能够看到月色而高兴自豪,也为世间人们的追名逐利而感叹,同时也为自己成为闲人而唏嘘。如此多的心态,源于作者是一个复杂的人,在出世和入世之间"摇摆"。这就是苏轼,终其一生,都在"摇摆"没有走过极端。

从这篇文章中,从苏轼的人生中,我们可以得到一点有益于自己人生的经验,那就是审美心态的培养。一个人如果能够从小培养审美心态,也许这个苦难的人世间就多一点美好,孤独寂寞的人生就多一个侣伴,在你无路之时多给你一条出走的路。我们常常说旷达,但是旷达也得有所依傍,审美心态是我们得以旷达的一种依傍。

# 第三节　探寻构思之巧

文章都是作者殚精竭虑构思的结果,阅读文本,要能探索文本构思之"巧"。

## 一、哈尔威船长的说与不说——《"诺曼底"号遇难记》阅读

法国著名作家雨果的小说《"诺曼底"号遇难记》塑造了一位忠于职守、舍己为人的船长形象,百年多来,这位船长像一尊雕像,永远地屹立在英吉利海峡波涛汹涌的海面上,也永远地屹立在人们的心中。

仔细阅读这篇小说,会发现雨果是通过哈尔威船长的说与不说来塑造这个形象的。

先说哈尔威船长的说。文中写哈尔威船长的说是在两次混乱下。第一次是在"诺曼底"号突然遭遇"玛丽"号碰撞造成的可怕"震荡"时:"一刹那间,男人、女人、小孩,所有的人都奔到甲板上,人们半裸着身子,奔跑着,尖叫着,哭泣着,惊恐万状,一片混乱。"此刻,哈尔威船长站在指挥台上,大声吼喝:"全体安静,注意听命令! 把救生艇放下去。妇女先走,其他乘客跟上,船员断后。必须把60人救出去。"这段话一共有五层意思:一是听命令;二是有救生艇,有救命的工具;三是救命的秩序;四是最后的结果,也是给予每个人的希望;还有一层意思是隐藏起来的,那就是"我"这个船长的命是不需要救的。所以,我们看到哈尔威船长是通过自己的语言来建立自己的形象的——一个临危不惧、思维清晰、举措得当、舍己为人的船长。

然而混乱中的人只看到了救生艇,只顾着自己逃生。"大家一窝蜂拥了上去,这股你推我搡的势头,险些儿把小艇都弄翻了。"黑暗中,人们听到了哈尔威船长一段简短有力的对话。"简短"是从话语形式上说的,基本上都是短句子,这不仅表明当时的时间不允许,而且也表明船长思维敏捷,思路清晰。"有力"既从句式上体现,同时也从内容上体现;问号和感叹号,加上短句本身就构成一种威严;清晰的思维透露出来的逻辑力量也传达出了威严。再加上"手枪""开枪""救出去""快干"等词句,那种保护弱者、考虑周全、无私忘我的崇高精神更是震撼了所有的人。

人群的两次混乱和哈尔威船长的两次言说，构成人群的"行"与船长的"言"之间的鲜明对比。在人群的"行"中，人的本能表露无遗：恐惧、惊慌、逃生和利己主义。在哈尔威船长的"言"中，人们感受到了"一个伟大的灵魂出现在他们的上空"。这个"伟大"的"说"拯救了全船六十条生命。他之所以"伟大"，是因为他的自制，是因为他超越了那些不自制人群的"行"，实实在在做到了"忠于职守，履行做人之道"。

如果说，在灾难面前哈尔威船长以自己的"说"塑造了伟大的形象，那么在寻常的日子里，他是以"不说"来实践"忠于职守，履行做人之道"的。他的"不说"主要表现在"行"上。小说前面部分这样写："1870年3月17日夜晚，哈尔威船长照例走着从南安普顿到格恩西岛这条航线"，"船长站在舰桥上，小心翼翼地驾驶着他的'诺曼底'号，乘客们都进入了梦乡"。"照例"一词，说明在这条航线上，哈尔威船长是"熟门熟路"的，暗示可以放松警惕；但是，哈尔威船长依然是"小心翼翼地驾驶着他的'诺曼底'号"，"诺曼底"号也"缓缓行驶着"，可见哈尔威船长面对雾天注意力高度集中，精神上没有丝毫松懈，这正是"忠于职守，履行做人之道"中的职业精神的写照。从这样的"行"中我们看到了哈尔威船长平日里忠于职守的"自制力"，这种"自制力"表现得又是那么自然，那么习以为常，他以自己的"行"默默地书写着自己的做人之道。

小说结尾，雨果由衷地赞美道："他一生都要求自己忠于职守，履行做人之道。"雨果所说的哈尔威的"一生"，就是小说中所写到的平常日子里的"行"和非常时期的"言"构成的一生。当"行"则行，当"言"则言，"言""行"如一，书写了他在人间、在海上既平凡又英雄的形象。

人生活在这个世界上，是不是应该像哈尔威船长那样，当"行"则"行"，当"言"则"言"，用自己的"言行"在人间塑造好自己的形象，工工整整地写好这个大写的"人"字。

## 二、两处反常，两个时空——读《灯光》

《灯光》初读上去，觉得和《七根火柴》之类的小说相似，主要是歌颂革命前辈英雄无畏和宽广无私的崇高精神。但仔细读，却感受到这篇小说的独特魅力，这种魅力主要在于小说作者描写了两处反常，以及他对两个空间的设置，这使得小说产生了独特的意味。

### 1. 反常及其意味

大战在即，战士们通常情况下会关心什么呢？战斗英雄又会关心什么呢？一般来说，战士们，尤其是战斗英雄，通常更关心即将发生的战斗，或者与战斗关联的事情。可是《灯光》中的郝副营长，这位年轻的战斗英雄却在看书，确切地说看的是书上的一幅图：一个孩子在一盏电灯下读书。文中形容他看书的神情姿态是"注视"和"沉思"，专注得都忘了要点燃夹在自己指间的烟卷。灯光下孩子读书的情景深深吸引了他，让他陷入沉思，且不由地赞叹图片上孩子生活的环境"多好啊"。大战即将发生之时，他问的问题是"你见过电灯吗"，这是个和战争相差十万八千里远的问题，可见战前他心心念念的是电灯带来的美好生活，最后想象着图片上的生活变成了赶明儿胜利后"咱们"孩子们的美好生活——我们中国孩子们的美好生活，且又一次发出"该多好啊"的赞美声，然后深深地陷入对这种美好生活的憧憬中。联系他是"著名的战斗英雄"，且大战在即这背景，他看的、想的、憧憬的完全是"咱们"孩子们在灯光下读书的幸福美好生活。可见他一点儿也不关心战争，不关心自己，不考虑自己，心里整个儿装的是祖国下一代的和平幸福生活。大战在即的一个战斗英雄，内心离残酷血腥的战争是那么遥远，仿佛他不是一个战斗英雄，而是一个美好生活的建设者。在这里，人物"反常"的表现充分展示了革命前辈宽广的胸怀和崇高的内心世界。

第二处反常是战场上的郝副营长黑暗中高高举着点燃的书本照亮了后续部队前进的路，自己却暴露在敌人枪口下牺牲了。在夜袭战中，正常情况是他应该始终裹在黑暗之中，这样才能更好地隐蔽自己，然而为了战斗的胜利，他反常而行，让自己成为"灯光"，也成为了敌人的"活靶子"，成功地照亮了部队前进的路，牺牲了自己，成就了战斗的全面胜利。可见在战场上，战斗英雄的心里丝毫没有自己，只有战斗的胜利，只有胜利了才有未来孩子们的美好生活。在这里，英雄的"反常"表现，充分展现了他英雄无畏、宽广无私的内心世界。

我们把两处反常联系起来看，无论是大战之前还是大战之中，郝副营长展现给我们的始终是宽广无私的内心世界，而且前后的"反常"之间有着因果关联，下一代美好幸福的生活是英雄战场上勇敢无畏献身的根本原因；同时两处"反常"在结构上彼此呼应,凸显行文的严密。

2. 空间及其意味

《灯光》里的第一个时空是"我"在解放后华灯下的天安门广场上散步,一片祥和、宁静、温馨。而两处"反常"的故事发生在1947年豫皖苏平原上的一个村子里,集中展现了革命前辈英雄无畏和宽广无私的崇高精神,这是文本的第二个时空。

把这两个时空联系起来看,我们发现,现在华灯下的天安门广场上的场景就是当年郝副营长大战之前的"憧憬",就是当年郝副营长牺牲自己照亮部队前行之路时的"憧憬"。把第一个时空放在第二个的首尾,"深深的回忆""又想起"突出了我们今天的美好幸福的生活是革命先烈抛头颅洒热血换来的,更让我们懂得要好好地珍惜这来之不易的美好生活。

读小说,在反常处用心思,在不同的时空设置上多思考思考,也许,会有不一样的阅读收获。

## 三、变化的叙述,激情的描写——读《狼牙山五壮士》

阅读《狼牙山五壮士》一文,会忍不住一口气把文章读完,之所以会这样,与文章作者善于运用"变化的叙述,激情的描写"密不可分。

故事从起因到结局可以梳理成这样几个情节:接受任务,诱敌上山,引上绝路,顶峰歼敌,英勇跳崖。故事本身曲折紧张,具有一定的可读性,而叙述视点的灵活变化,描写上的激情洋溢,更渲染出紧张激烈的气氛,使读者感受到壮烈豪迈的大无畏革命英雄主义精神。

变化的叙述,取得了点面结合的效果,同时也弹奏出行文的节奏。《狼牙山五壮士》的叙述视角是七连六班战士,但这个视角的叙述在视点上有变化。我们仔细梳理,一开始是"为了拖住敌人,七连六班的五个战士一边痛击追上来的敌人,一边有计划地把大批敌人引上了狼牙山。他们利用险要的地形,把冲上来的敌人一次又一次地打了下去",这是对五位战士整体的叙述,用的是"他们"。接着写"班长马宝玉沉着地指挥战斗,让敌人走近了,才下命令狠狠地打。副班长葛振林打一枪……",集体的叙述变化为对个体的叙述。第三段中又变为先叙述集体后叙述个人。故事就是在这样的变化叙述中不断被推进着。这样,我们就跟着叙述视点的变化，一会儿看到全体战士在行动，一会儿看到某个战士在行动，这就是场面描写中点面结合的方法。正因为这样，战场上的真实情境就仿佛在我们眼前展开一样。如果对本文变化的叙述再仔细研究，会发现，即使叙述视点是不断变化的，但变化之中仍然重点突出。统计全文，发现叙述个体的有五次，其中有两次只叙述了班长马宝玉一个人；叙述集体的有七次。由此可以得出结论，变化的叙述一方面是为了点面结合，从而凸显场面，另一方面它也有重点，本文显然要突出六班这个战斗集体，突出班长这个干部的带头作用。

激情的描写，既展现了战士们独特的个性，又激荡出他们革命的英雄主义豪情。故事中的描写饱蘸浓情："班长马宝玉沉着地指挥战斗，让敌人走近了，才下命令狠狠地打。副班长葛振林打一枪就大吼一声，好像细小的枪口喷不完他的满腔怒火。"句子中"狠狠""大吼""喷""满腔怒火"这样或力度强大、或情感盛大的动词和形容词的使用，既展示了战士的不同个性，又使得行文中处处溢满豪迈的革命激情。"班长马宝玉斩钉截铁地说了一声：'走！'带头向棋盘陀走去。战士们热血沸腾，紧跟在班长后面。""斩钉截铁""走""热血沸腾"，既表现了班长以身作则、身先士卒的榜样带头作用，又充满了抗日战士们大无畏的革命英雄主义豪情。这样激情的描写通过变化的叙述被一一地展现在我们读者的面前，我们被带入到故事当中去，仿佛和五位壮士一起"屹立在狼牙山顶峰，眺望着群众和部队主力远去的方向"，"回头望望还在向上爬的敌人，脸上露出胜利的喜悦"。我们凝望着壮士们昂首挺胸跳下悬崖，耳边回荡着"打倒日本帝国主义""中国共产党万岁"的口号声，这声音将永远地回荡在我们的心里，成为我们成长的精神明灯。

变化的叙述，激情的描写，把中华儿女英雄顽强、不怕牺牲的革命英雄主义精神，表现得气壮山河，让我们为之心潮澎湃。读文章，善于探寻作者的表达构思之妙，能引领我们走向文本深处，领略别样的风景。

# 四、为什么叙述人是"我"——读《我的叔叔于勒》

《我的叔叔于勒》是法国作家莫泊桑的一篇短篇小说，也是教材中的传统选文。在叙述人称上作者安排第一人称"我"来叙述，这个"我"还是一个未成年的儿童，菲利普夫妇的儿子。这样的叙述视角究竟有着怎样的意味呢？仔细阅读会发现，这个"我"除了是个线索人物，起着组织材料的作用外，还有更重要的两点。

呼唤人性的回归。"我"作为菲利普夫妇的儿子，一个未成年的孩子，对于于勒叔叔有着更多的同情，即使这个于勒叔叔之前不务正业、糟蹋金钱，即使后来我们全家对他希望破灭，即使父母得知真相后极度地惊慌和暴怒，"我"依旧认为，他"是我的叔叔，父亲的弟弟，我的亲叔叔"！还多给他十个铜子。这种对亲情的呼唤在"我"小时候就流露着。通过扩展阅读资料我们可知，几十年过去了，"我"已经是个成年人了，可"我"依然会给乞求施舍的穷老头儿五法郎银币，并表示"我"有时候还会拿一个五法郎的银币给流浪汉的。几十年来，"我"力所能及地守候着人与人之间的关心、同情和帮助，使身处窘境的人们感受到一点他人的关爱与友善。这是不是含蓄地传达着作者对人性回归的呼唤呢！

突出悲悯的主题。把这篇小说的主题仅仅认为是批判资本主义下人与人之间赤裸裸的金钱关系，有点肤浅了。因为小说中"我"见证了父母和姐姐们对待挥霍金钱穷困潦倒的于勒的态度，而这种态度普遍存在于这个世界的过去和现在；"我"也见证了"我"的父母对自己很节俭，近乎苛刻，别人请他们吃饭，他们怕回请而不敢去；见证了姐姐们也因为穷而嫁不出去，当姐姐有了追求者，虽然对方不算富裕，但是为人踏实，父母依然很高兴。"我"见证了父母并不是只看钱，不看人品的；"我"更见证了父母对于发财的于勒叔叔回家来带给这个家庭幸福的渴望，十年如一日的作为信念一样守候着，本质上就是对幸福生活的渴望。这种种见证让我们看到了穷人的真实人生和性情。当得知守候的人只是个船上卖牡蛎的，这对于菲利普夫妇的打击之大可想而知，希望瞬间破灭，精神支柱突然崩塌，所以只好惊慌失措地逃避，他们都不知道以后的生活该怎么办。他们被穷困折磨着，一点点微小的美好追求和享受都是奢侈，穷困像一个囚笼束缚得他们身心憔悴而又无力挣脱，只能匍匐在命运的脚下任其支配。所以，作家在小说中通过"我"写出了小人物在这个人世的命运，包含着作家对他们深切悲悯的情怀。

从"菲利普夫妇"家长大的"我"，没有成为像"菲利普夫妇"一样的人，在"我"的身上存在着对他人的关爱和友善，这是否意味着"我"不再是命运的仆人？

小说是一种虚构的艺术，作家为什么要虚构这样的故事，要选择这样的人称来叙述故事，在读小说的过程中，都是我们要好好想一想的，当你有所明白的时候，你正走入小说辉煌的殿堂里。

# 第四节　品味文本之细

文章之妙,很多在于其细节,如果忽视了,可能会错过很多。停下来,慢慢欣赏,是不是会看到不一样的风景?

## 一、为什么是"两"只狼——读《狼》

我看蒲松龄的小说《狼》,一直觉得小说的关键就在于他写了两只狼,是这两只狼生长了故事,也是这两只狼在毁灭自己的同时创造了一个豪杰的屠户。

故事情节的紧张和曲折都来自狼是两只。"一狼得骨止,一狼仍从","后狼止而前狼又至","两狼之并驱如故",贪婪追逐着狼,狼追逐着屠户。在这样的情况下,屠户一直处于紧张状态中,无论屠户怎样努力,始终有一只狼跟着,丝毫不让人有松口气的机会,直至两狼"并驱",紧张也跟着"升级"。这"升级"了的紧张一直在屠户心里像根弦一样绷着,没有松弛的机会。这就是两只狼要达到的效果。正因为是两只,所以狼就这么有恃无恐,明目张胆,这么不紧不慢,从容自信;如果是一只狼,绝没有这样的淡定跟踪。要知道一对一跟屠户对决,狼恐怕没有胜算。"恐前后受其敌",屠户恐惧的是前后受敌,一对一,屠户并不恐惧,二对一,才是真正要命的。这两只狼成功地运用了心理战术,制造出让人透不过气来的紧张气氛。

正因为狼是两只,才这么贪婪和有恃无恐,才会这么穷追不舍,而"积薪"的出现,使情节有了变化,开始向屠户有利的方向走,也使紧张的气氛有所缓和。"积薪"是屠户的一个依靠,一个帮手;但同时,也是狼的一个依靠,一个帮手。所以这个"积薪"是一个鬼魅的存在。在"积薪"的前面,两只狼生动形象地演绎了它们的狡猾阴险。狼不敢硬拼,因为屠户现在"弛担持刀",狼再凶残,但赔本的买卖还是不做的。于是小说出现了一个神奇的描写:"眈眈相向"。两只狼交换了一下眼神,这两只狼真是久经沙场,经验老到,就这么彼此望望,一个分工明确、行动具体、配合默契的计谋就这么心照不宣地形成并实施起来。一狼在前制造假象,一狼在后暗度陈仓,最后给屠户来个釜底抽薪。这是多么阴险致命的杀手锏。而所有这一切都是在"眈眈相向"之中完成。普天下有多少人能够做到,何况是狼! 如果狼不是两只,怎么会有"眈眈相向"? 怎么会有后面的情节发展? 狼的狡猾阴险又何能这么惊人!

然而,也正因为狼是两只,造成了它们最后的覆灭,把情节推向了高潮,造就了一个平民豪杰。屠户抓住一狼假寐一狼不见的机会,一个"暴起",刀劈一狼。"暴起"一词把屠户的机智和勇敢那么有力地表现出来,"暴起"的不仅仅是个屠户,更是个智勇双全的豪杰。一个"转视",又将钻洞的狼刀劈了,在"转视"中,把两狼的所有狡猾阴险和狼的身体一起刀劈得粉碎。在这里,我们看到"积薪"成为了狼的葬身之地。上文中我说过,"积薪"是个鬼魅,对双方都是双刃剑,弄好了就是由死入生,弄不好就是由生入死。人胜过狼的地方就在于屠户的"暴起",抓住时机,奋力一搏,在这决胜性的一搏中,两狼苦心营造的心理战术和狡猾阴险也由此瓦解散碎。由此我们看到是两只狼自己的互相配合给予了屠户"暴起"的机会和"转视"的从容,导致了自己的覆灭,使原本对屠户来说真正要命的"二对一",变成了"一对一";更准确说,是"一对半"的伏击,因为两只狼都处于无抵抗状态。"暴起"和"转视"塑造了一个智勇双全的屠户——豪杰。

纵观整篇小说,蒲松龄之所以要让狼是两只,一方面是情节发展的需要,更重要的是两只狼在一起,更能凸显狼的贪婪、狡猾和阴险,而最后都被屠户给粉碎了,杀死了。由此,我们是不是深刻地领悟了蒲松龄借小说要告诉我们的:面对一切像狼一样的灾难,要敢于斗争,善于斗争,因为你是智勇双全的人。

## 二、"我"为什么要加引号——读《小巷深处》

拓展性阅读的文章《小巷深处》的 13 节有一段文字:

> 临行前,我穿上了母亲用从微薄的生活费中硬扣下的钱购置的连衣裙。当我看见穿衣镜中颇具城市少女风采的"我"时,我终于下了决心,转向母亲,吞吞吐吐却又异常清晰地说:"妈……您……以后别……如果没急事的话……不用去找我……"

这段文字里共有五个"我",其他四个"我"都没用引号,而穿衣镜中的那个"我"却被加了引号。这是为什么?一般来说,引号的用法大致有三种:表示引用的部分;需要着重论述的对象;具有特殊含义的词语。结合本文的语境来看,这里应该是第三种用法,即具有特殊含义。当时的"我"看镜子里的"我",应该看到的是同一个"我",不可能具有特殊含义。显然,这个"我"的特殊含义是后来才加上去的。这种特殊的含义又是什么时候被"我"所认知的?于是我们就要谈到本文的文体了。本文是一篇回忆性散文,这类文章的"我"具有两重身份,一是过去的"我",二是现在写此文时的"我"。当现在的"我"回忆当年的那个"我",看到自己种种违背情理的行为和心理,对自己如此对待倾其所有钱财、辛劳和情感来养育自己的母亲的表现感到莫大的难过,深深的自责和悔恨。所以,当作者写到"穿衣镜中颇具城市少女风采的'我'"时,看到了当年那个虚荣的不孝的"我",不由得要加上引号,以表示对当年那个不懂事的"我"的否定、讽刺和自责。

在《小巷深处》这篇文章中,很多的语言表达都体现着这种情感的复杂性,表露着现在的"我"审视当年的"我"所作所为时的复杂情绪。如:

① 我开始沉默,开始回避所有的同学,甚至开始厌恶我的家。

② 我不再与母亲相伴而走,也不再从母亲卖冰棍的那条路经过。

第①句中的三个"开始"和一个"甚至",第②句中的"不再"和"也不再",作者写作此文时感到的自责、内疚和后悔,就在这样的反复中被表达出来。反复和排比的语言表达成了这篇文章后半部分的特色。如:

① 忘掉了……忘掉了……也忘掉了……

② 淡忘了……甚至淡忘了……

而当过去不懂事的"我"被母亲深沉博大的母爱唤回来,深刻地理解了母亲和母爱,眷恋着这个家和家乡时,反复和排比的语言表达不仅仅表达了自责、内疚和悔恨,也表达着看到当年的"我"终于理解了母亲和母爱,终于从迷失中回归了家和家乡之后的一份由衷的欣慰和喜悦之情,这份情就流淌在这样的语言表达中:

老远,我便看见了,看见了她——我的母亲。在风中,她无助地倚在墙边,凌乱而花白的头发在苍老的脸颊旁飘扬着。我看到了她深凹的眼,布满青筋和黑斑如枯竹似的手,还有那根又光又亮的竹棒。

……

妈妈,我回来了,我已经回来了! 我其实还记得,还记得来时泥泞的山路,还记得赤足跑过石板的清凉,还记得家里厚重的木门栓,还有,还有我们曾相互依偎走过的那条小巷,那条深深的小巷。

文章是用语言写成的,不同的情感决定着不同的语言表达。当我们读像《小巷深处》这样的回忆性散文时,是要仔仔细细地咀嚼作者的语言表达,体会流淌在其间的作者复杂的心绪。

### 三、"失常""正常""超常"——读《父与子》

《父与子》中有一句话,可以作为我们理解这篇文章的关键性语句:

"人们都摇头叹息地走开了,都认为这位父亲因失去孩子而精神失常了。"

句中"失常"一词值得我们好好品读。"失常"是"失去常态"的意思。在文中人们为什么觉得父亲"失常"了呢? 主要依据父亲的一些表现。一是父亲的话语。无论谁来劝说,父亲只有一句相同的话:"你是不是来帮助我?"在人们看来,父亲似乎已经不会讲话了。二是父亲"双眼直直地看着这些好心人"的眼神,呆滞,失去了灵性。三是这个地方"太危险了,随时可能发生起火爆炸",可是父亲置若罔闻。于是这位父亲就在"正常"人的眼里成了"失常"人。因为"正常"人都来了又去了,文中写道"在他清理挖掘时,不断地有一些孩子的父母急匆匆地赶来。看到这片废墟,他们痛哭并大喊:'我的儿子!''我的女儿!'哭喊过后,他们绝望地离开了"。这些"正常"人,都清醒地认识到"太晚了,他们已经死了","这样做无济于事,回家去吧","冷静些,你要面对现实"。"正常"人都很冷静,勇敢地面对了现实。所以,在"正常"人都离开了的地方,留下的人,也就是这位父亲,是一个"失常"的人。

然而正是这位"失常"的父亲,在"挖了 8 小时、12 小时、24 小时、36 小时",38 小时之后,终于听到了儿子的声音:"爸爸,是你吗?"终于让一群被困在废墟下 38

小时的孩子重新见到了阳光,获得了新生命。

这位"失常"的父亲,失去的正是"正常"人所谓的"正常"理智。"儿子在等着我"使他坚守承诺,不畏艰险,表现出正常人难以理解的言行,最终"父与子在经过巨大灾难的磨难后,无比幸福地紧紧拥抱在一起"。由此看来,这位父亲非但不"失常",而且超越了"正常"的人,是一位"超常"的父亲。"超常"的父亲创造了生命的奇迹。

## 四、隐藏在称呼里的秘密——读《雁》

石钟山的动物小说《雁》,在使用称谓上显得"错位"。原文中称公雁为"孤雁""孤独的雁""她的丈夫",称母雁为"她",而称张家夫妇一直为"张家的男人和女人"。这就让人感觉很奇怪,作者把原本是动物的,却用人类的称谓来称呼;原本是人类的张家夫妇,作者却从生物学角度称呼他们为"张家的男人和女人"。是不是在作者的眼里,两只大雁就是有血有肉有感情的人,而人反而成了冷漠无情的动物呢?

我们来看看小说中"张家的男人和女人"的表现。"张家的男人和女人已经商量过了,要把她留下来,当成鹅来养,让她下蛋。"看起来男人和女人好像感情不错,要"商量过"才决定把她留下来,之后又"齐心协力"地照顾伤雁,这似乎显示着这对夫妻好像也很亲密。然而他俩的目的只为让雁下蛋挣钱,为此不惜剪掉母雁的翅膀,造成雁夫妇的悲剧。这种种行为只能让我们感到他们的卑劣,他们的所作所为就是"狼狈为奸"。这样的"人"在小说中也包括"围观的人们":他们说"是只母大雁,她下蛋一定比鹅蛋大";他们"议论着,嬉笑着,后来就散去了"。小说中的人们都是和"张家的男人和女人"一样的,他们的眼里心里只有"蛋""好价钱""大雁肉",而对于大雁的伤痛、挣扎、悲鸣、凄厉和绝望,是一无所知的。非但不知,而且还"嬉笑"不止。这些无情地制造着悲剧的人,是不是只能叫做"张家的男人和女人",这样的人只具有生物学意义。

然而小说中称谓两只雁就不一样了。作者在文中不但称公雁为"孤雁""孤独的雁""她的丈夫",称母雁为"她",而且两次用"美丽"来形容,一次用"高贵"来形容,这是深有意味的。"孤雁""孤独的雁"似乎在暗示着两只雁感情深厚的程度,因为只有感情特别深厚，失去另一半的时候才会格外孤独。"她""她的丈夫"的称谓更让我们感觉到两只雁就是两个有血有肉有感情的人，"她"和"她的丈夫"之间有着忠贞不渝、生死相依的挚爱深情。这样的动物具备了人性美的高贵品质。和"张家的男人和女人"两相比较，在人心的天平上，谁更显得"美丽"而"高贵"，谁更显得"丑陋"而"卑劣"？

两只"美丽"而"高贵"的大雁，最后在人的手里魂归天外，他们以死亡的方式捍卫了生命的自由和自尊。小说像一面镜子，当我们站在它面前的时候，看看自己在镜片中的映像，问问自己：什么样的称谓对自己是合适的？男人或女人？他或她？……

# 第四章

# "明亮语文"的习作观

一次次的作文就是一次次对生命的唤醒，对自我的认知。一篇篇情真意切的作文，如同一个个美好的自己，人生多了朋友，多了陪伴。作文需要学生开启"觉察"的心眼，觉察自己的生活和身边的世界，和它们建立起关联，让自己的心灵丰厚起来。文字是心泉，在潺潺地流淌，要让学生学会有技巧地表达，不惮辛苦地修改，引导这泉水流得更加顺畅欢悦。

# 第一节　生活即作文

　　作文是对生活的觉察，写作文就是写下生活。在作文里把生活再经历一番，人已不是原先的那个。

## 一、好作文，来自日积月累

　　写作过程一般包括"写什么"和"怎么写"两个阶段。"写什么"是指写作的源头活水。我们写作的源头活水在哪里？在生活中，在阅读里。读、背、积累是写好作文的源头活水。

　　1. 积累素材

　　我们写作必须要积累一定的材料。作文材料的积累，相当于修一座大厦所必须的砖、灰、沙、水泥、钢筋等基本材料，是写作应走的第一步。

　　首先要积累生活中许多有意义的场景，积累许多有意味的镜头。当记忆库里拥有了大量有价值的原材料时，你自然就会去抽取，自然就可以剪贴组合，表达你想表达的思想感情。

　　我们要做的，就是要关注自己日常的生活，从中去发现鲜活的写作素材，积累这些素材，为写作做好储备。在平时，我们可以分类储备来自生活的素材。

　　如学习类作文素材里，记录着我们背二十个英文单词的有趣过程，记录着课间十分钟里三个同学共同探索一道难题的奋斗历程，记录着考试失败后自己灰暗的心绪，记录着向老师请教一道题目的心理变化……

　　校园生活类作文素材里，有爱心义卖活动的精彩场景，有校运动会上自己驰骋跑道的飒爽英姿，有歌咏比赛上同学靓丽的镜头特写，有学生会干部竞选时同学精彩的演讲……

　　还有像成长类作文素材，家庭生活类作文素材，平凡人生类作文素材，等等。

　　其次，就是多读生活，多读书籍，让我们融入丰富多彩的社会生活中，用心感受生活，接收多元刺激；自己要培养自觉阅读、动笔阅读、多形式阅读的习惯。这样，写作时就不会产生无源之水、无本之木之愁了。

如社会大事类作文素材里,或剪贴或摘抄着:抗洪抢险中一个个令人感动的故事,奥运会上各国运动员的精彩拼搏和夺金故事,残奥会上我国运动员的精彩表现,神舟 11 号遨游太空的浪漫探险……

如名人大师类作文素材里,留下了爱因斯坦的趣味故事,托尔斯泰的日常生活,我国水稻专家袁隆平无私奋斗的历程,"两弹"元勋邓稼先的感人事迹,植物学家钟扬的执着追求……

世界的每一天都是新的,笑迎朝霞,目送落日,生活中永远有无穷的事物等待"我"去发现、去探索、去描述。

## 2. 积累范文

王尚文老师曾说:"怎样学习? 光看不行,非读不可;光读不行,还得靠背,通过背把它记熟记牢,把别人想的内容和思路,说与写的材料和条理一一印入自己的心田,在不知不觉中流向你的舌头和笔尖。"只有熟读成诵,才能把书上的营养真正化为自己的血肉,在不知不觉中提高自己的语文素养。

教材中的选文都是文质兼美的经典之作。这些文章不论从选材立意、思想感情,还是从表现技巧上看,都是中学生学习的典范。我们学习,首要的是去关注这些典范,要时常对这些典范细加揣摩、品味,力求悟得透,析得深,品得精,做到烂熟于心。

比如以事表现人的文章,初中课文中的《邓稼先》等;文学性写人的文章,像《范进中举》用夸张手法突现人物一个特点,使人鲜活而有个性,《孔乙己》则用对比手法刻画人。

比如写事,《走一步,再走一步》给我们提供了一个"事中寓理、理从事来"的典型结构;《背影》,则予事以一个典型的背景,在描写时又不断地注入个人的感受,达到感人至深的效果。

所以,平时我们应该认真阅读好教材,充分运用好选文,跟着范文学作文,有计划有目标地积累好相当数量的范文。熟读成诵的名家名篇多了,我们的思想境界、语言能力也就自然提高了。古语说"操千曲而后晓声,观千剑而后识器",讲述的不就是这样的道理吗?

## 3. 积累诗词名言警句

我们作文写不好的一个重要原因是语言贫乏、材料不足。因此,平时注重收集诗词名言,积累下来,读读,背背,"琅琅上口,烂熟于心",甚至脱口而出。那么,我们的语言水平就会在这日积月累中达到相当程度,语言智能便能得到充分的开发。到写作时,就能整句整段地引用、模仿或迁移,成为锦上添花的表达。

朗读、背诵是语言积累的重要方法,有利于我们积累语言,特别是词汇和句式。培养了良好的语感,做起作文来就能比较得心应手。

总之,好作文来自平时的积累,生活的储备,范文的熟识,语言的积累和技法的自觉,做好这些能够为我们写好作文奠下深厚的根基。从今天起,做一个日积月累的人。


## 二、好选材,成就好作文

选材最突出的问题是"假""大""旧"。"假",虚假的、没有亲身经历过的材料,还有些是为迎合主题而故意捏造的事实;"大",选取比较重大的材料,内容泛泛,缺少真情实感,感情虚假;"旧",选取的材料陈旧,千人一面,重复雷同。这些问题是学生平时作文中普遍存在的,也是作文阅卷中屡见不鲜的。如何避免以上问题,如何在选材上别开生面,如何让自己的作文首先赢在材料的选择上,我们今天从几个角度来谈谈。

### 1. 新颖材料,眼前一亮

阅卷中,教师最喜欢看的作文是选材新颖的,在自己的阅读视野中没有出现过的,打开了一方新天地的文章。2019年上海语文中考作文题是《这事真带劲》,有考生就写华为从容应对美国贸易霸凌主义,任正非、所有的华为人为祖国争了光的事迹。作文中资料详实、细节真切,字里行间流露着赞美和自豪之情,时代感特强,让人眼睛为之一亮,特别带劲。

人都有好奇心,喜欢求新探异。在阅读作文上同样如此。有新意、不落俗套、与众不同的选材总能脱颖而出,独占胜场;陈芝麻烂谷子的选材,总给人"似曾相识"之感,让人生厌烦之心。

新颖的选材主要体现在这些方面:"新"在自己最熟悉、了解详情而恰好又是别人忽视、不太注意的材料;"新"在人们熟知的、自己却有了新认识或新体验的材料;"新"在别人没有写过或很少写过的材料;"新"在最近发现的,有时代感、有意义、有意思的材料。

但是为了追求"新",追求"为赋新词强说愁"的新,而脱离了"真实"二字,落入编造、猎奇的虚假里,反而会弄巧成拙,适得其反。

### 2. 独有材料,个性鲜明

世上没有相同的叶子。每个人的人生经历都是独特的,故而遭遇的人和事也是千差万别的。如果留心留意,把自己独有的经验行之成文,会成就与众不同的作品。比如第一次读到《跟爷爷学敲梆子》的作文时,眼前真的一亮,新颖的选材加上充实的内容和不错的文笔,带给人的感受既新鲜又愉悦,这样的文章给老师的阅读冲击力是非常大的,印象也特别得深;这种富有传统文化味道的报时方法也许在我国的偏远山村还保留着。

高尔基说:"谁想当作家,谁就应当在自己身上找到自己。"说的就是选取自己独有的材料。因为独有,才具个性与新颖;因为独有,感受和体验才独特;因为独有,才可情动于中而形于外。这样的材料具备"水分充足、永不枯萎"的保鲜性。

自己独有的材料可以从这些方面去考虑:自己的爱好、性格、追求等;自己的亲身经历,如趣事、教训、旅游、技能等;自己与他人的交往、接触,如与邻居的交往、与亲朋好友的交往、与路人的交往等。

### 3. 典型材料,以少胜多

第一次看到《妈妈的粥》这篇习作时,不由为小作者的选材叫好。常见学生写母爱,都是雨中送伞、生病送医、陪过生日等俗见材料。但这一作文写的就是早晨一碗平常的粥,读来却让人感到这粥里是母亲浓浓的亲情爱意。这粥是平常的,又是不平常的,粥的内容随季节时令而变化,随小作者的身心状态而变化。一碗小小的粥,胜过多少平庸的选材,让读者感受到母爱的形、色、味、温。小小一碗粥,浓浓母亲情。

材料成为典型,是因为它比之于其他材料更具代表性,它是众多材料选派出来的优秀代表,集中了其他材料的众多特点,它最具表现本质的东西,是文章主旨的最佳表达者,给人的影响是突出的,是清楚明白的。

典型的材料往往具有以小见大、以少胜多的功能,如莫怀戚《散步》中"散步"的材料,《小巷深处》中"英姨为我换住处"的材料,《背影》中"父亲攀月台买橘子"的材料,都很典型,能量都巨大,能够突出表达文章的中心,值得我们借鉴。

#### 4. 真情材料，动人心弦

《秋天的怀念》和《背影》两篇散文，之所以影响深远，让人读过之后难以忘怀，是因为文章中蓄满了真挚深情，在字里行间汩汩流淌。母爱的忘我和父爱的赤诚，让文章成为了经典。这完全得益于两位作者选择了自己最动情、感受最深的材料。

文章是表达思想感情的，如果没有思想感情要表达，文章也就没有多大必要去写了。以情动人一直是好文章的标准之一。选择自己最动情、感受最深切的材料来写，写作时才会饱含激情，写出来的句子才会充满真情实感，形成的文章才会是流畅的、滚烫的。这样的文章就会拨动读者的心弦，唤起读者感情的共鸣。

我所讲的动情选材，指的是最能触动自己心弦、激起自己感情波澜的材料；是使自己的心灵受到剧烈震颤的材料；是感受、体验的程度超出了一般的材料；是那些最让自己激动、自豪、难忘、羞愧、气恼、不平的材料。写作之时，潜入自己的内心，去打捞漂浮在自己心灵世界里的朵朵情感的云，抓住一朵，深入追问，回到曾经的现场，然后写下来。要知道，唯有打动了自己的文章才能去打动读者。

好作文，首先取胜在选材上，而好的选材往往来自对生活的发现、对自己的发现。平时把自己的发现及时积累下来，建造起属于自己的一座材料仓库。那么，作文之时，就可以从容地比较、甄别、选择，挑选出最符合文题的材料，成就一篇篇好作文来。

### 三、充实内容，真情动人

很多同学写文章，往往会把文章写得像一棵冬天的梧桐树或者柳树般枯瘦萧条，了无生趣。不过，在大自然中，只要春风一来，那梧桐、那柳树就伸枝展叶，着绿叠翠地丰盈起来，成为一幅动人的自然小品，令人鉴赏。枯瘦萧条的作文其实也可以借助一番"春风"的吹拂，令其着绿叠翠地丰盈起来，使读者观之而生欣喜之情。

有位学生写了一篇《我能行》的作文，缩写成如下提纲：

① 议论关于"我"能行的意义。

② 写"我"跟妈妈学嫁接蟹爪兰(起因、经过、结果)。

③ 嫁接成功,阐述"我"感受到的"我"能行。

她的初稿就是这样的,就像冬树裸露着枝丫,却不见血肉,不见灵气。

接下来我们借助"春风"来充实文章的内容,希望能够取得真情动人的效果,从而升格文章。

1. 设置障碍,添置波折

在"我"向妈妈学习嫁接蟹爪兰的部分,设置一个情节障碍:"我"用小刀给蟹爪兰切嫁接口的时候,不小心划破了手指导致鲜血流出。再设置一个心理障碍:"我"因受伤而不想再学习。这两个障碍的功能在情节上增强了学习的难度,造成了行文的波折;在人物塑造上能表现人物的性格,丰富人物的形象,有助于文章主题的表现。

电影思维中有一种"戏剧式结构"的情节设计,即为达成一个核心目标的实现,一路上需要克服重重的障碍,克服全部障碍,最终目标得以实现。像《战狼》《红海行动》等都是典型的"戏剧式结构"。所以,我们平时在写记叙文时,不妨学习这种情节设计的方式,在一篇记叙文里设置三个有递进层次的障碍(戏剧式结构),使文章生波折、有悬念,促进主题的表达。

2. 增加层次,丰富内容

原文要表达"我能行"的主题,只用了一个学习嫁接蟹爪兰的事件,内容实在过于单薄,不足以表现"我能行"的精神能量。要想文章内容充分,体量完备,足以支撑起"我能行"的精气神,需要在内容上进一步地开掘,建议增加另外两个层次的内容:一是学习嫁接更有难度的植物;二是把嫁接好的植物献给班级布置教室用。增补这两个内容,不仅仅丰厚了内容,更重要的是能够形神兼备地表达"我能行"的精神能量,而且还在主题意义上丰富了内涵,融入了"奉献"的品质。

在这里我们也借鉴了电影思维中"小说式结构"的情节设计方式,即为了塑造人物,会从几个不同的思维角度或者几个不同的思维层次去选择材料(或故事),

以多侧面地、立体地突出丰富人物性格或品性。这种结构方式与作文上俗称的"横式结构"类似。平时作文时,不妨尝试用"小说式结构"来写作,努力使内容之间显现不同的层次梯度来,不知不觉间,笔下的作文就升格了。

3. 刻画细节,以形传神

细节是记叙文的血肉,缺少细节描写正是作文处于粗陋状态的一个重要因素。我们知道,记叙文主要是把人或事形象具体地告诉给读者,这样的文章,如果缺少了细节描写,就无所谓形象具体,就会淡而无味,很难吸引住读者,所谓的感染力就无从谈起了。

《我能行》的初稿,在这一点上功力不足,可以改进或增补如下细节描写:

> ① 妈妈问"我"想不想学的情节改成母女对话描写。
> ② 妈妈说明如何嫁接的内容采用语言描写并写清嫁接的科学知识。
> ③ 嫁接成功后的蟹爪兰叶片具体描写(形、色、态、神)。
> ④ 写学嫁接李子树时具体描写"我"的期待心理。
> ⑤ 完善嫁接李子树的科学知识的说明。
> ⑥ 增加妈妈和同学们夸赞"我"的神态和语言描写。

恰当合理的细节描写,犹如叙述的翅膀、文章的灵魂、形象的乐章,能够起到以形传神、以象感人的效果。

4. 展现心理,真情动人

《我能行》的初稿,在展现自我心理变化方面是欠缺的,这也是大多数同学写记叙文时存在的一个问题。缺少"我"心理或者情感变化的文章,往往造成与读者之间很宽广的隔膜,难以在读者心灵上掀起情绪的共鸣。

实际上,我们都明白,随着事情的发展,人物特别是自己的心理感受也会有变化,将这些变化写好、写具体,一方面能丰富、充实文章的内容,另一方面,也能改变叙事节奏,增加叙事的生动性,也会更好地吸引读者的兴趣。

所以对于我们一直在完善的这篇作文,还可以提出一条建议,即在行文中安排一条"我"的心理发展变化线:犹豫——期待——想放弃——又坚持——激动——想挑战——期待——喜悦——美滋滋——领悟。修改后的文章,因为具体地展现了即时情景中的人物的心理活动,所以文章读上去真情动人。

以上,我们从四个方面对原文进行了改进,目的在于使文章能够内容充实,真情动人。

下面是《我能行》作文的一次升格。

## 我 能 行

妈妈是一个养花迷,在客厅里摆放着她嫁接在仙人掌上的蟹爪兰,几十朵红花垂掉下来,活脱脱像一把大红伞。凡是来我家的客人,都对这盆花赞不绝口。

一天我夸妈妈:"妈妈,你嫁接好厉害啊!"妈妈笑笑,问我:"你想不**想学啊?""我能行么?"我犹豫着。"怎么不行!"我看着妈妈使劲地点点头。"到天气暖和时我教你。"妈妈说。**

冬去春来,天气渐渐暖和了,我期待的日子终于来了,妈妈教我嫁接了。一开始,我站在一旁仔细地看她怎么操作,把每一个步骤都牢牢地记在心里。

轮到我嫁接了,妈妈在一旁指导我,我学着妈妈的样子有模有样地做了起来。我端来一盆仙人掌,它又大又厚实。妈妈说:"这一盆是最好的。"我先在仙人掌上确定好嫁接的位置,接着用锋利的小刀在仙人掌上切开一个大约宽1厘米、深1厘米的口子。**没想到,我一个手没拿稳,刀在食指上划了个小口子,鲜血从伤口中不断地涌出,疼得我差点哭出来。妈妈赶紧帮我把伤口包扎好。由于手上有伤,我就想放弃了。可我转念又想:等着学嫁接蟹爪兰已经很久了,如果我现在放弃的话又要等到何年何月。嗯!我能行的!于是我坚持了下去。**

我选了一片比较厚实的蟹爪兰,把它下端的两个面都削去一点,再小心地插进仙人掌的口子。为了防止蟹爪兰滑出来,我就在仙人掌上拔了一根刺，把它固定住。最后，我把嫁接好的蟹爪兰放在阴凉的地方，让它好好修生养息。一周后，只见蟹爪兰稳稳地立在仙人掌上面，依旧是那么碧绿。一个月后，蟹爪兰顶端萌生出两三片小茎，那么嫩，那么绿，充满生机。**我激动地看着自己的作品，仿佛感受到蟹爪兰静悄悄生长的幸福。**

从那以后，我每次凝望碧绿的蟹爪兰就不断地鼓励自己：没事，我能行！这句话仿佛有魔力似地激励着我去战胜一切困难。

不久，我又想挑战一些有难度的嫁接，于是我向妈妈提议，**妈妈居然同意了。**

秋天，是嫁接李子树的好时节。嫁接时，先处理砧木，后削接芽，采用"T"字形芽接。先在砧木离地面 3—5 厘米处切"T"形口，深度应可见木质部；再用刀尖小心剥开砧木树皮，将盾形带叶柄的接芽快速嵌入；接后培土 10 厘米高。**第一步完成后，我天天挂念着我的李子树，在梦中我看到了那颗吐绿的新芽。那些期待、紧张的日子让我觉得每一天都充满想念。**10—15 天后我紧张地刨开土，只见芽片新鲜呈浅绿色，叶柄一触即落。哦，我成功了！"辰辰，你真行！"我不由地夸奖自己。第二年入春后我在接芽点以上 18—20 厘米处截干，解开绑扎物。剪去砧木发出的枝条：**一株新的生命在春天里诞生。那份成功的喜悦无法形容，只觉得自己的每一个细胞都跳动着欢乐。**

几周后，班级需要一些植物来美化教室，我主动把嫁接好的花卉提供给班级。同学们看到我嫁接的植物个个都赞不绝口："**辰辰，你好厉害啊！**"我心里真是美滋滋的。

自信来自成功。嫁接的学习过程，让我发现了自己的才能，使我懂得任何事情，只要努力去做，持之以恒，总会有成功的时候。每个人都应该常常对自己说"我能行"，它会不断地给你以力量，鼓励你前行。

# 第二节　作文讲技巧

学写作文,必然要学习写作技巧。一定的写作技巧能够促进学生写作水平的提高,让模糊写作变成明知写作。

## 一、在模仿中学写作

初中学生的作文如何做才能有效地提高? 我们认为在阅读过程中,以课文为楷模,有针对性地进行模仿,学得一些必要的作文规矩,在初中阶段,是有助于提高同学们的作文能力的。

对于模仿,古人曾说:"大匠诲人必以规矩,学者亦必以规矩。"其实,任何技能技巧的获得,是没有不经过模仿阶段的。可以这样说,模仿是创造的基础,不经过模仿就不能进行创造。

模仿写作,就是在阅读中,模仿课文的某些写作特点或某一部分进行写作。模仿要根据课文的特点,又结合自身写作的弱点,有选择有重点地进行模仿训练。在重点的、局部的模仿基础上,将点滴的知识聚集起来,进行一些综合性的模仿训练,这就在前面的基础上前进了一步。

模仿写作,也得注意由浅入深,由点到面,在片段仿作的基础上,逐步加大难度,进行综合性模仿。

### 1. 仿观察

同学们在写作中常感思路闭塞、内容空泛,其中很大一部分原因是不会观察,对身边事物、社会生活浮光掠影、浅尝辄止。这样"无心"观察,脑海空空,写来必然抽象空洞。只有当我们能自觉地有目的地去观察生活,而且某一客观事物在头脑中有一个深刻的印象时,作文才能写得具体。

如何观察事物,反映事物,课文中的许多范文给我们提供了楷模。

如鲁迅的《从百草园到三味书屋》中一段:

不必说碧绿的菜畦，光滑的石井栏，高大的皂荚树，紫红的桑葚；也不必说鸣蝉在树叶里长吟，肥胖的黄蜂伏在菜花上，轻捷的叫天子（云雀）忽然从草间直窜向云霄里去了。单是周围的短短的泥墙根一带，就有无限趣味。油蛉在这里低唱，蟋蟀们在这里弹琴。翻开断砖来，有时会遇见蜈蚣；还有斑蝥，倘若用手指按住它的脊梁，便会拍的一声，从后窍喷出一阵烟雾。何首乌藤和木莲藤缠络着，木莲有莲房一般的果实，何首乌有拥肿的根。有人说，何首乌根是有像人形的，吃了便可以成仙，我于是常常拔它起来，牵连不断地拔起来，也曾因此弄坏了泥墙，却从来没有见过有一块根像人样。如果不怕刺，还可以摘到覆盆子，像小珊瑚珠攒成的小球，又酸又甜，色味都比桑椹要好得远。

这段文字所写的观察，是很值得我们学习的。其观察层次分明，细致形象。从植物写到动物，从高写到低，从静态写到动态，闻其声，观其色，察其形，品其味，细腻之处，从静观到动手到吃。这样的观察，为生动形象地表达铺垫下扎实的基础。阅读中我们可以总结作者的观察方法，并迁移到自己的练笔中去，这样有助于我们积累观察的经验。

又如《核舟记》这样一篇状物小品，其空间顺序的观察方法可以帮助我们更好地把握静态物象形态与特征的观察技巧。而《植树的牧羊人》《孔乙己》等文章可以让我们积累下观察人物的方法。在教材中，许多文章在观察方面都可圈可点，阅读中发掘这样的资源，经常学习借鉴，对于我们观察生活、积累素材有很大的益处。

### 2. 仿素材

作文时我们也常感无话可说、有话说不长等问题，这往往和缺少素材积累有关。我们在写作时感到无东西可写，问题不在于生活本身，而在于自己不善于捕捉。阅读中利用课文资源来发现、捕捉我们自己的生活，积累写作的素材，能让我们拥有感受生活的"眼睛"。初中语文教材向我们展示了广阔的素材天地，文中所写的探险、游戏、学习、游览、科幻等都会激发起我们对生活的再发现，唤起我们曾经体验过的种种生活，沉睡的记忆因为教材的触发而轰然打开，过去的生活突然从黑暗中浮现，像星星一样闪闪发亮，照亮了我们有过的甜酸苦辣，在唤醒的记忆里，我们重新看到了生活和自己。

如学习了《社戏》中一段"掘蚯蚓"和"放牛"的文字，触发起我们对小时候农村生活的回忆，有同学是这样写的：

> 在夏间，每天的事情大概是捉知了，即用双手合成一个碗状，慢慢靠近，猛地一罩，便可捉住。知了是昆虫里的傻子，不会特别留心身后的危险。那是白天的事，到了夜间，我们便去捉蛐蛐、蟋蟀。蟋蟀善跳，极难捉，但我们有方法，拿出手电筒朝蟋蟀一照，蟋蟀怕光，一照它便会感到一阵晕眩，那时，我们便可以将其一举拿下。

再如《竹节人》，文章写了"我们"上课了还在玩竹节人，课间更是玩得不亦乐乎，不由得让我们想到自己上学玩闹的情景，像鲁迅写《朝花夕拾》那样，用文字打捞起曾经的童真童趣。

这样，随着课文学习的增多，我们素材本上积累的自己的生活也多了，而且写得有规有矩，散发着浓浓的生活味。

## 3. 仿语言

语言是写作的基础，向课文学语言是事半而功倍的佳径。语文课堂教授的文章大多为名家名作，字字珠玑，语言技巧都很高。如朱自清先生的散文《春》，他不说春风拂面，而说"像母亲的手抚摸着你"，一个"抚摸"，巧用拟人格，多么亲切。又如苏雪林《溪水》里对水的描写："于是水开始娇嗔起来了，拼命向石头冲突过去；冲突激烈时，浅碧的衣裳裂开了，露出雪白的胸臂，肺叶收放，呼吸极其急促，发出怒吼的声音来，缕缕银丝，四散飞起。"文字得体优美，作者运用拟人、比喻等修辞手法，情流笔端，妙趣横生，溪流活脱脱竟成了一个机巧伶俐、忸怩作态的少女，一条溪水被写活了，洋溢着生机和活力，让人百读不厌。对于这样的语言，学生除了品味鉴赏，阅读背诵，不断进行蓄词造句之外，还应通过大量的写作实践，包括模仿语言习作，来提高语言表达能力。

再比如,《济南的冬天》中作者多处使用拟人的修辞,把自然景物写得情深义重。"水藻真绿,把终年贮蓄的绿色全拿出来了。天儿越晴,水藻越绿,就凭这些绿的精神,水也不忍得冻上;况且那长枝的垂柳还要在水里照个影儿呢。"这样优美的描写性语句,我们可以在阅读中多加揣摩体会,然后再加以模仿,在模仿中促进自己语言表达能力的发展。

大量的模仿训练,可以起到整合语言材料,激活思维的效果。

阅读李汉荣的《山中访友》,有同学是这样模仿文中语言的:

> 走进这片稻田,每一株稻穗都是我的知己,向我打着金黄的手势,有许多穗摇曳我的衣裳,有许多飞蝶与我交换眼神。我抚摸着这些稻穗,静静地,以稻穗的眼睛看周围的稻穗,我发现他们每一个都在看我。我闭上眼睛,我真的变成了一株稻,我看见了农民伯伯抹着汗水高兴地收割,我看见小朋友欢快地叫"麦子成熟了",我看见一家人正祥和地吃着大米饭……

### 4. 仿表达方式

对于记叙、描写、抒情、议论和说明五种表达方式,若不规范地学习,不形成一定的理性认识,很不利于学生写作能力的提高。很多选文在五种表达方式使用方面为我们提供了很多可资借鉴的范例。利用这些范例,学生用心地去感知、品鉴并模仿实践,可以有效地提高自己对写作的认知和实践,提高对写作知识的自觉运用,促进写作能力的逐层提高。

我们作文中常见的一种现象是不会用概述与详述相结合的方式来写人。但《永远执著的美丽》这篇文章,却为我们提供了很好的范例。有的学生就在模仿中有了这样的表现:

> 不知多少人正安然地入睡,惬意地休息,舒心地玩乐,似乎没有谁像爸爸一样忙碌疲惫。从白天到晚上,他每天早出晚归一丝不苟地辛勤工

作;从春夏到秋冬,他严厉又和蔼地监督我关心我。一次,我的不认真导致数学成绩大幅下滑,爸爸拖着工作后的疲惫辛苦去书城为我挑选参考书,回到家中仔仔细细、一步一步地为我耐心地讲解,没有丝毫的不耐烦,当我成绩回升时,他紧皱眉头的脸上露出了灿烂的笑容。

初中的学生,对于议论、抒情等表达方式理解得朦朦胧胧,写作中很少运用,整体弱点是很明显的。而我们的教材中却具备这方面的丰富资源,让学生在阅读时有意识地学习并模仿,能提高对此的认识,并有心地进行模仿实践。

如学习《走一步,再走一步》,课文最后有一段画龙点睛式的议论,深刻地揭示了文章的主旨。当时正逢新冠疫情,同学们收集了很多感人的故事,有的同学就模仿课文的议论,发表自己的感受:

在灾难面前,在生与死的考验面前,人类显得是那样渺小,生命显得是那么脆弱。但是,在爱的面前,灾难,生死,又显得那么不值一提。爱支撑着每一个身陷绝境的人,支撑着他们的意志,支撑着他们的生命,这样的爱是那么的伟大。

对于基本的五种表达方式,学生在初中阶段应该得到系统和扎实的模仿训练,取法乎上,得乎其中,在范例中学习方法,感悟运用之妙,联系自己的生活,运用其法表达自己,在模仿实践中建构自己的知识系统和能力框架。

5. 仿写作手法

写作手法丰富多样,如果要统计一下初中语文教材里所使用的写作手法,那真是不下上百种,但对于初中学生来说,全部去学习,我们认为没有这个必要。针对实际写作中存在的问题,针对写作中比较多用的写作手法,我们认为学生有必要选择性地借鉴课文进行模仿写作,像侧面描写、寄情于景、卒章显志、点面结合、烘云托月、对比表现等,在教材中都有,学生学了,对于提高自身的写作能力切实有益。

拓展阅读《最后一课》，文中有两个写点值得模仿借鉴。一处是写具体一个词语，文中是这样写"喧闹"的：

平常日子里，学校开始上课的时候，总有一阵喧闹，就是在街上也能听到。开课桌啦，关课桌啦，大家怕吵捂着耳朵大声背书啦……还有老师拿着大铁戒尺在桌子上紧敲着，"静一点，静一点……"

学生在作文中这方面其实很欠缺，需要经常进行练习。有的同学就"乐"有下面的仿写：

记得那天，爸爸见箩筐里、水桶里到处是活蹦乱跳的鱼，乐得不知说什么好，嘴里含着一支没有点燃的香烟，一时提提圆滚肥壮的草鱼，一时掂掂红头黄尾的鲫鱼，轻轻地哼着小调。

还有一处是以动写静。原文是这样的：

个个人都那么专心，教室里那么安静！只听见钢笔在纸上沙沙地响。有时候一些金甲虫飞进来，但是谁都不注意，连最小的孩子也不分心，他们正在专心画"杠子"，好像那也算是法国字。

写作手法的学习要多从自己的习作实际出发，不同的同学有不同的需要，针对自己的需要和所学的文章进行选择，模仿的目的是为了自己写作能力的发展。

6.仿构思

学生的作文有时缺少思考，想怎么写就怎么写，这跟学生在写作中缺少构思训练密切相关，而教材在这方面大多堪称匠心独运，是学生学习的良师益友。但由于课文都沉默无语,很多同学都路过错过。为此,我们要教学生在阅读中做一个有心人。

学习"一事一议"的文章,可以仿照《走一步,再走一步》的构思:莫顿叙事之后阐释了他的人生感悟——在人生的道路上,无论遇到怎样的危险和困难,只要把它分解开来,一步一步战胜小困难,最后就会战胜最大的困难。这种先叙后议、卒章显志的构思法,值得让学生们模仿学习,提升他们"一事一议"类文章的写作。《雨的四季》采用了总分总结构,分写部分分成春夏秋冬四个季节来写,形成了并列结构。《"飞天"凌空——跳水姑娘吕伟夺魁记》一文把吕伟跳水瞬间写得相当出色,这个瞬间按空间顺序展开(高台、空中、落水),描写不同地点吕伟的表现;有的瞬间则是以时间为序,如《十六年前的回忆》中"我"最后一次见到父亲时的心理活动,就是按时间变化来写的。

朱自清的《背影》以新颖独特的视角,截取人物状态中最鲜明、最动人的瞬间——背影——来构建文章,通过特写,抒发了浓浓的父子深情。汪曾祺《昆明的雨》在材料组织上是下了一番功夫的,材料组织的方法值得我们学习。作者要写的是昆明的雨,可文中写雨的文字并不多,而是大量地写了昆明的物、事、人,看上去很散的材料其实都跟雨密切相关,是昆明的雨孕育了这么富于情味的昆明,深深让作者怀恋着。

叶圣陶先生曾说过:"语文教材无非是个例子,凭着这个例子要使学生能够举一反三,练成阅读和作文的熟练技能。"我们相信在阅读中,让学生做一个有心人,多揣摩,多总结,多在模仿中领悟写法,从而有所创造,是能够有效地提高他们的写作水平的。

## 二、审清题意　扣题而文

离题、偏题类的作文在批阅中经常看到,因为很多学生对于作文题是不大在意的。就五年来上海中考题来说,写"这事真带劲"的时候他会把"真带劲"忽略了;"真的不容易"时"真的"找不到了;"就这样,埋下一颗种子"时"这样"被草草打发了;"没想到,真没想到",前后两个"没想到"之间的递进层次"真"的没想到;"不止一次,我努力尝试"中,虽然看到"不止一次"的尝试,却没看到"努力",因为没

"努力",所以成功就不特别,少意义。种种对文题的不在乎,对文题中部分字眼的忽视,甚至忽略,都是因为缺少"审题"意识,没有在"审"字上细细地下一番功夫,导致在作文时信马由缰,任意东西,以致最后的作文与题目游离、脱离,甚至离题遥遥。

审题功夫,需要练好三项基本功。

第一项叫"清楚范围"。含两个方面:清楚范围是什么,清楚范围有多宽。明确题目对时间、空间、写人、记事、数量、景物、说明、抒情等范围的规定,还是比较容易的。比如"这事真带劲",题目的限制在"事"上,难的是清楚这个"事"的范围有多宽,那真是无所限制的,过去的、现在的、家庭的、学校的、社会的、参与的、观看的……这个天地无限辽阔,给予我们充分的选择自由。只要"真带劲",就行!再如"不止一次,我努力尝试",其范围就是"我努力尝试"的事,这大家都明白,没什么问题,但范围有多宽呢?这个"我"可以是谁呢?花草树木,鸟鱼虫兽,江河湖泊,都可以充当"我",范围是相当宽广的,能够在这么宽广的范围内找到写作的材料,作文便打开了新天地。

第二项叫"明确重点"。一般"题眼"的词语就是重点。如"留给明天",这种动宾短语式的题目重点在动词"留给"上;"北京的色彩",这种偏正短语式的题目重点在"北京"这个修饰词语上;"知足常乐",主谓结构式的短语重点在谓语"常乐"上。以上是从词语类型的角度来看题目的重点。最近五年上海市中考的作文题中常有修饰词"真",五年里出现三次"真",出现三次前后两个分句构成的题目,还有一次带比喻的"种子",出卷者在出题上真是费了不少思量。那么,我们又如何应对这样的题目呢?

其一,读透文题中的修饰词。上海中考题有三年的题目都含一个"真","真的不容易","真带劲","真没想到",这个"真"字,显然是一种强调,着意于考生能够在作文中把"带劲""不容易""没想到"的过程、体验和感悟写出来,而且是出乎意料的,与事先所想不一样的,带来了崭新的体验和感悟。经过这样的思辨,才能明确题目的重点。其实有很多题目会包含"最""也""还""再""更""其实"等副词,要知道它们都不是可有可无的点缀,却往往是考生极易误入的陷阱。如"其实并不是这样"中的"其实"很重要,应写出"误认为是'这样'"到"意识到不是'这样'"的过程,如果缺少这层转换,文章就会偏题。

其二，读懂文题中的比喻。"就这样，埋下一颗种子"中的"种子"，它更多指向比喻角度的内涵。一旦明白了从比喻的角度去写，一个崭新而宽广的空间就被打开，此时此刻我们就获得了选材的自由。只要在我们熟悉的生活素材中确定与这一比喻义匹配的本体，写作时就能做到紧扣题目了。"心中的一片绿"，"一米阳光"，"走向春天"等题目，命题者都是从比喻的角度出题的，写作时都要把"绿""阳光""春天"化虚为实，重点把比喻义写出来。

其三，读清文题中的关系。"没想到，真没想到"，"就这样，埋下一颗种子"，两道作文题前后两个分句，之间的关系往往有因果、递进等内在联系，审题时必须辨别清楚。如"就这样，埋下一颗种子"，"这样"是"埋下"的前提和原因，"埋下"是"这样"后产生的一种心理情感上的反应，两者紧密联系，不可分割。有的考生忽略了这一点，因果意识不强，下笔时只写"这样"，不见"埋下"，缺少必要的抒情议论；有的只见"埋下"，忽视"这样"，缺少作为"埋下"支撑的叙述和描写。这都是因为没明辨文题中前后两者关系所致。

第三项叫"确定主题"。本质上就是写作者对作文中写的人和事持什么样的情感态度，明确讲述这些人、这样的事的目的是什么。作为初中生，参加比赛也好，参加考试也好，平时作文也好，基本都是写给老师看的，当然也有拿去发表给公众看的。这就基本决定了我们所写的人、事需要有意义，所表达的主题要健康、积极、向上，是"正能量"的多姿多彩、有声有色的表达。主题源于材料，要善于从所选材料中提炼出好的主题，这就需要仔细推敲，反复斟酌，不断思辨，从看似寻常的材料中提炼出有深度的主题来。

磨刀不误砍柴工。作文之时，看到题目，在"审"字上下一番思考的功夫，把题目从四面八方仔细考量一番。通过察"题"达到明"目"，找到了文章的"眼睛"，再展开，辅之以形、色，成就一篇文质俱佳的作文。

## 三、斟酌立意　写出不同

阅读他人的作文，总是希望能看到新的东西，或体验到真挚的感情，或领略新的视野，或得到新的启示，或感受到精神的引领……这就是文中的"意"，是作者想要传达给我们的。立意影响着文章的品质，给文章立下一个健康、正确、积极的主旨,让它充满阳光地出现在读者面前,引发感动、感染。

我们在这里主要谈四个方面。

### 1. 情真意切,真挚动人

感人心者莫乎情,真情的文章,情动于衷而形于文字,往往能拨动读者的心弦,引起情感的共鸣。写作文贵在情真意切,写最触动自己心灵的人、事、景、物、理,因为体验深,情感鲜活,有一种不吐不快的表达冲动,写起来如江河直下,一气呵成。

这就要求我们做一个生活的发现者、体验者,时刻关注自己情感变化、心灵波动,并养成捕捉、追问"变化""波动"的习惯,使之成为明晰、深刻的感受,积聚在自己的心灵里,随着时间的推移,让回想不断地催化、发酵,使情意储蓄起足够的能量,成为心灵世界的一方情感之洲。

朱自清《背影》里表达的对父爱的感受和理解,就是这样的情感之洲;史铁生在《秋天的怀念》里表达的母爱的深沉和自己无法补过的忏悔,就是这样的情感之洲。情为文章之魂,做个情感丰富的人,既成文又成人。如此写似乎不讲写作技巧,全凭或深沉或浓烈的感情,如同巴金的《随想录》那样,但好文章就是心灵里自然流出的歌。

生活中我们不缺乏真情实感,只是它们消失得很快,很少会驻留在我们心里,养育我们的心灵,所以建议用日记来记录日常中的真情实感,建造自己的一个成长库。

### 2. 以小见大,卒章显志

这两个词语学生们应该很熟。铁凝的《一千张糖纸》,写的就是由收集糖纸被骗引发关于"欺骗"的议论。莫顿的《走一步,再走一步》,写小时候攀山崖的一段经历,总结了贯穿、引导他一生的一个人生哲理:把大目标分解成一个个小目标去实现。这类文章一般都是先叙事后议论,所叙之事看上去都很小,小事件、小场景、小活动,仿佛都是日常生活中的琐事,只是因为有一双审视的眼光,一颗深思的头颅,从"小"中看出了"大",看出了深隐"小"里的深层意义,看出了和其他事之间普遍的联系,就这样,"小"被思想的手指一点,闪耀出光芒,给读者深刻的启迪。

莫怀戚写的《散步》,就写家庭小事,可是我们读它,却常读不厌,原因就在于事"小"意"大"。家庭的和睦、生命的感怀、中年人的责任,如果把这个"家"和"国"

联系在一起看,那意蕴就更丰富了。杨绛先生的《老王》,写的是他们和一个黄包车夫之间的日常往来,却深刻地解剖了知识分子灵魂深处的"小"。由此看来小事不小,琐事不琐,看我们是否有眼光、眼力,去看出"小"背后的"大"来。

### 3. 联想对比,深化意蕴

要开掘作文的意蕴,运用联想对比的思维方式,也能取得比较好的效果。有一篇文章叫《生命之线》,是著名登山运动家乔·辛普森写的。1992年4月,"我"和马尔攀登尼泊尔境内的帕杰尔墨峰,下山途中遇险,经过同伴马尔的救助,最终获救的经历。中间通过联想插叙了1985年"我"和西蒙攀登秘鲁的修拉格安德峰,遇险时,西蒙情急之下砍断了绳索,"我"栽入40米深的冰隙,三天半后,"我"侥幸逃生的经历。通过前后的联想对比,突出地阐述了登山者生死与共、团结互助的品格,挑战极限、顽强拼搏的精神。

为了立意深远,采用联想对比的手法来写的文章不在少数。苏辙写的《巢谷传》,把巢谷在七十高龄下,独自一人不远千里、不畏艰险步行来看望贬谪荒僻之地的"我们"兄弟,与当时因为贬谪而纷纷疏远"我们"的亲朋好友两相对照,巢谷身上那种对于朋友的古道热肠,不因时势而变迁的豪侠性格显得尤为突出和可贵。

由此人此事此景联想到彼人彼事彼景,彼此之间,或映衬,或对比,不但能使所写对象的本质更加鲜明地凸显出来,更有可能产生崭新的意义。我们背诵的《岳阳楼记》,范仲淹由岳阳楼之景,联想到历史上迁客骚人们登临此楼时因景生情、情随景迁的悲喜,进一步联想到"古仁人"的"不以物喜,不以己悲"的思想感情,两相对照,由此议论并阐述自己"先天下之忧而忧,后天下之乐而乐"的人生态度。眼前之景乘了联想对比的翅膀,飞到了高远的境界。

### 4. 虚实相生,丰富意蕴

有些文章,反复阅读,总觉得文章里的意蕴很丰富,给予读者的精神享受很丰满。《小石潭记》是经典的山水名篇,文章所写不过是一个处于偏僻之地无人欣赏的小石潭,虽然景色佳胜,但终究淹没于莽山之中。这就是实景。可是,这实景之中,融入着虽看不见却又仿佛无处不在的另一个形象、另一番景象,那就是写作此文的柳宗元自己——这个才华出众,却无人欣赏、遭受冷落的作者。在柳宗元的眼中,小石潭的身世命运和自己的身世命运多么相似。所以,当我们看《小石潭记》的时候，一方面跟随着作者发现了山水之美，一方面感受着作者对自己人生遭际的喟叹。读这样虚实相生的文章，就会觉得里面的意蕴特别丰富。

大家熟悉的《壶口瀑布》，梁衡描绘的对象是西安黄河壶口瀑布的景象，文章结尾处有一段热情讴歌的文字：黄河博大宽厚，柔中有刚；挟而不服，压而不弯；不平则呼，遇强则抗；死地必生，勇往直前。读到这里，我们恍然感觉到，这不就是我们中华民族生生不息的民族精神吗！原来，作者之所以把壶口瀑布写得这么富有精气神，是因为这实景中无痕地融入了对民族精神的描写和讴歌。虚实相生，格外感动我们。

我们读过《清塘荷韵》《一棵小桃树》等文章，它们都运用了虚实相生的写作手法，把自己真正要写的融于一个具体的景象之中，使这个景象不仅具备了自身义，还蕴涵着象征义。这样写出来的文章，意蕴就自然丰富许多。我们在自己的写作中也不妨用用。

文章贵立意。在立意上求真、创新、挖深、显雅，借助这四种思维方式，或可让我们在文章意蕴建设方面迈前一大步，从而推动文章向高品质跃进。

## 四、探寻"构思"之法

优秀文章是我们学习写作最好的老师，它总是用自己的表现示范给我们看如何写会有好的效果，会更好地表达自己的写作意图，尤其在如何构思、怎样谋篇布局方面，给我们提供鲜活的例子。潜心学习，试着应用于自己的记叙文写作中，一定会有助于促进我们谋篇布局、构思成文的能力。

现在开始我们的学习之旅。

### 1. 一线串珠法

《笑》是冰心先生的一篇散文，文中写了三个笑的场景：墙上画中安琪儿圣洁的笑；古道田边小男孩天真的笑；海边茅屋老妇人安详的笑。虽然这三个笑之间时间跨度很大，地点相距遥远，却有一个相同点——"笑"，于是作者巧妙地以人的表情"笑"为主要线索，借助人物描写加以展开，成就了一篇思维清晰连贯、文章主旨突显的佳作。可以这么说，就此文而言，线索"笑"居功至伟。

其实很多写作名家都钟情于"一线串珠式"的构思，茅盾的《白杨礼赞》、朱自清的《背影》、范锡林的《竹节人》、李汉荣的《外婆的手纹》等,不胜枚举,估计这些名家们也深知:面对复杂的事情、繁多的内容,最有效的莫过于用一条线索把有关材料贯穿起来,使之浑然一体。

那么,线索在哪儿呢?所谓"线索",在文章中实际上只是一个比喻,能够把整篇文章串联起来的人、事、物、理等,都可成为线索。用一本书籍、一张照片、一个水果等来做线索,围绕它来组织材料、发展情节,是常用又简易的方法;进一步的如一件礼物、一个场景、一句话语等作为串联内容的线索;更有把情感作为线索的。给文章安排一条线索,让所有的内容都串联其上,往往能使文章中心鲜明突出,不致偏题、跑题。

### 2. 穿插引入法

把发生在不同时空里的事件凝聚在一个特定的时空内,使行文紧凑集中,避免散漫拖沓,让文章具有纵深感的美学效果。林海音的《爸爸的花儿落了》就是这样的。

小英子在毕业典礼的这天,想起了很多和爸爸有关的事情:去医院看望爸爸,一年级时有一天下雨被爸爸打着去上学,爸爸叫自己独自去东交民巷的日本银行给叔叔寄钱……这些往事都发生在过去,现在通过小英子的心理活动,在她参加小学毕业典礼作为优秀学生受表彰的这天,一件一件地被她想起来了。这些往事和小英子今天的成长有着密切的关系,是这些往事中的父亲培养了今天作为优秀毕业生的小英子。我们在文章中看到,"一天"里容纳了过去的好多个"一天",从而把文章的时空打开得很开阔,创造出一个材料丰富、富有生机的文本世界。

穿插引入法的构思,如果努力去用,应该不难学会。做法就是在顺叙过程中引入插叙。通常可以采用作者交代、人物自身回忆或者联想等。如张之路的《羚羊木雕》,在母亲逼问"我"羚羊木雕哪儿去了之后,就通过"我"的回想插叙了"我"和万方交换礼物的情节,不仅拓宽了文章的空间,也丰富了内容和人物的形象,有助于中心的表达。

### 3. 一波三折法

《在那颗星子下——中学时代的一件事》是舒婷写她中学时代学习生活的文章,文章写得一波三折、跌宕起伏,原因就在于作者很好地利用了"四次意外"来安排组织材料:意外一,英语学期考试,串上同学看电影,巧遇英语老师;意外二,第二天临时抱佛脚，却考了113分，全班第一；意外三，试卷讲评时，回答不出问题，重考只考了47分；意外四，最终成绩单上的成绩仍是让人"不敢正视"的"优"。意外像一辆过山车，给我们不断的惊奇。

文章中的一波三折，指的是在写人叙事时要注重行文的有张有弛，有起有伏，一波三折，以吸引读者。或用悬念设疑法、误会兴波法，或用蓄势陡转法、抑扬生变法，激发起读者"不看不知道，世界真奇妙"的阅读快感。实质上最重要的是会制造"冲突——解决"的情节。《故事技巧》一书中介绍过"叙事弧线"，我们在此稍作改变，把一波三折看成是"进入困境、困境上升、形成危机"这样三个递进层次，最后结束在"困境解决"。

要取得这样的效果，需要设计情节。莫怀戚的《散步》，文章中有三处"冲突"："我们"去散步和母亲不愿出来；儿子要走小路和母亲要走大路；遇到水塘和背着过水塘。但作者说，生活中真实的散步并没有走小路还是大路的分歧，这是作者在写作时为了行文起伏和主题的需要设计出来的。可见，"情节设计"是《散步》成为佳作的关键之一。

### 4. 抑扬转换法

想要说她的美，先写她的不美；想要说她的不美，先写她的美。采用以进为退的结构方式，这样的构思称为抑扬转换。鲁迅先生回忆性的散文《阿长与〈山海经〉》，先写"我"对阿长的感情是"不大佩服"，写了在"我"看来阿长身上的种种不足或不是，然后写了"我"对她产生了"敬意"，结尾抒发强烈的思念和赞美之情。前后情节跌宕起伏，人物形象因此丰满，主题由此深刻突出。

雨果的名作《巴黎圣母院》中，驼背、独眼、又聋又跛的畸形人卡西莫多，他的丑让我们惊恐，然而他却为了艾丝美拉达赴汤蹈火，为了她的幸福牺牲自己的一切，他的心灵之美震惊了我们。道貌岸然、过着清苦禁欲修行生活的克洛德，却让我们从好感、尊敬到鄙夷、憎恨，因为他的自私、阴险、不择手段的心灵之丑逐渐地展现出来。这部名作借助抑扬的转换，产生了巨大的震撼力，二百多年来，盛传不息。抑扬转换的效果就是这么强悍。

### 5. 三水并流法

写人的文章，有一些作家会采用"横向组合"的方法，如黄永玉老师写的《钱钟书先生》，王蒙老师写的《夏衍的魅力》，都采用了这种方法，说的形象点，就是"三水并流法"。这种构思容易学，效果就是板块清晰、层次井然、主旨鲜明，往往采用总-分-总的结构，"分"述部分用三四个大的段落作为文章的主体部分，围绕一个主题将几件事或某件事的几个侧面并列或交错展开。但要注意的是，"三水"或者来自同一个源头，或者汇向同一个大流，或者中间交叉相会。

著名作家魏巍的报告文学《谁是最可爱的人》，文章中写了三个最能表现志愿军英雄本色的典型事例：松骨峰战斗，火中救小孩，防空洞谈话。这是运用"三水并流法"的代表作，我们可以把文章研究学习一下。

在这里我们一起学习了五种构思之法，我们为了行文方便采用了分类说明的方法，其实，很多文章的构思往往是几种杂糅的，比如"三水并流法"里会内含"一线串珠法""穿插引入法"。我们在学习运用这些构思之法的过程中，会逐渐地经历由不会到会、由单一使用到多种融合使用的发展。当然，这些是基本的，也是常见的构思之法，还有其他一些，等着教师带着学生去发现并学习。

## 五、学一点绘景抒情

不少学生遇到写景抒情的作文时，常常面露难色。交上来的作文，大都是背现成的，写的景物上海地区常常见不到，让人啼笑皆非；即使是写了一点本地的景物，也大都空洞，只有符号、不见形象，只有静态、没有动态，很呆板。这样的问题，该怎么解决呢？我觉得学生们除了在平时要多观察、留心身边的风景外，还可以从以下四个方面进行写作练习。

1. 多角度描写，刻画景物的形、声、色、神

在萧红写的《祖父和我》中，有一段对院子里大榆树的描写，值得学生们学习：

小的时候，只觉得园子里边就有一棵大榆树。这榆树在园子的西北角上，来了风，这榆树先啸，来了雨，大榆树先就冒烟了。太阳一出来，大榆树的叶子就发光了，它们闪烁得和沙滩上的蚌壳一样了。

通过"来了风""来了雨""太阳一出来"这三个不同的天气变化，从三个角度生动形象地表现了大榆树的"声""形"和"光色"，传达出大榆树神秘的气息。

多角度描写展现的是物体的多个侧面、不同风姿，从而使物体形神皆备地作用于读者，让读者构建起一个鲜活的物体。

多角度描写的方法有很多，可以是春夏秋冬等不同的季节，可以是风霜雨雪等不同的天气，可以是晨昏等不同的时间，可以是远近、高低等不同的空间，可以是视、听、嗅、触等不同的感觉……

2. 运用多种修辞，生动形象地描摹景物

在写景的文章中，作家们都善于使用多种修辞手法，把客观事物的声音、颜色、形体、情态、味道等描绘出来，以增强叙述的生动性和形象性，达到感染读者的效果。

朱自清在《春》里是这样写小草的：

> 小草偷偷地从土里钻出来，嫩嫩的，绿绿的。园子里，田野里，瞧去，一大片一大片满是的。

这里运用了拟人的修辞，显得那么新鲜有趣，又生动活泼，把春天活跃的生命力可爱地表现出来。

再如老舍的《济南的冬天》里"等到快日落的时候，微黄的阳光斜射在山腰上，那点儿薄雪好像忽然害了羞，微微露出点儿粉色"，通过拟人把济南山的娇羞柔美地表现出来。

巧妙地运用修辞手法，可化抽象为具体，变枯燥为生机，化腐朽为神奇。如比喻的妙用："欲把西湖比西子，淡妆浓抹总相宜。"这是描写西湖景色而运用的绝妙比喻，不能不佩服作者比喻的新奇、想像力的丰富，把西湖无时不美的风姿表现了出来。

3. 点染一些动物，表现景物的生机和美丽

"蝉噪林逾静，鸟鸣山更幽"，山林的幽静不是死寂，而是有着无限生机，这样

的幽静让人产生"随意春芳歇,王孙自可留"的向往之情。作家们的写景文章,往往喜欢通过小动物的点染,而使笔下的景物富于生机和魅力。

朱自清在写"春风"的温柔时,就这样写道:"鸟儿将窠巢安在繁花嫩叶当中,高兴起来了,呼朋引伴地卖弄清脆的喉咙,唱出宛转的曲子,与轻风流水应和着。"这春风不但有情,更有动听的歌声,更显春风的活力和情韵。

有风景的地方,总离不开小动物。树木因为鸟儿的翅膀而神采倍增,池水因为鱼儿的嬉戏而诗意盎然,鲜花因为蝴蝶的舞动而画意烂漫。所以,我们写景时不妨多留意小动物。

4. 把自己放进风景里去,增强抒情味

很多学生的写景文章只有客观的景物,没有自己对景物的情感态度。如果硬要抒情,学生也是很简单地直接抒情,好像是干巴巴地贴上去的,让人觉得情感和景物之间隔得很远。如何才能让景物描写和情感抒发有机地融合在一起? 我们不妨来看一段李汉荣在《山中访友》中的一段:

> 走进这片树林,每一株树都是我的知己,向我打着青翠的手势。有许多鸟唤我的名字,有许多露珠与我交换眼神。我靠在一棵树上,静静地,以树的眼睛看周围的树,我发现每一株树都在看我。我闭上眼睛,我真的变成了一株树,脚长出根须,深深扎进泥土和岩层,呼吸地层深处的元气,我的头发长成树冠,我的手变成树枝,我的思想变成树汁,在年轮里旋转、流淌,最后长出树籽,被鸟儿衔向远山远水。

这段文字里,作者观赏景物入神了,不由得把自己想象成了一棵树,融进了山中的树林里,物我合一,形象而含蓄地表达了自己对自然景物的无限喜爱。这样的抒情很独特,也很诗意,我们在自己的文章里都可以学一学。

写好写景作文,其实并不是一件很困难的事,如果我们肯在以上四个方面做些努力,也许一篇好的写景文就从笔端流出来了。

## 六、写出"波折""起伏"来

中考作文一般只要求写六百字左右的文章。如何让不长的文章吸引读者,使其有兴味地读完,并印象深刻,过目难忘?"尺水兴波"在这方面可以大有作为。

尺水兴波法,即指短篇作品经过有意布局,使之波澜起伏,逶迤婉转,曲折生动,引人入胜。下面结合一些文章介绍四种方法,以助我们在写作文时运用"尺水兴波"法,写出佳作来。

1. 设计"冲突"

莫怀戚在《散步》中就充分利用了矛盾"冲突"。首次"冲突"是母亲不愿出去散步而听从"我"的劝说,从不愿到情愿,体现了"我"对母亲的呵护和母亲对"我"用心的理解;再次"冲突"是故事的高潮部分,在走大路还是走小路的选择上祖孙发生了冲突,后因祖母顺从孙子而得以顺利解决,表现了祖母对孙子的关爱及对一家人和睦的珍惜;第三次"冲突"是在小路难以走过的地方,用"儿子背母亲"和"母亲背儿子"的方式得到完美的解决。全文叙述的是家庭生活中"散步"的小事,却通过一次次小小的冲突让人物之间的亲密关系得以充分体现。由此可以看出,这篇叙事短文尽管很短,却能"尺水兴波"——不断制造小冲突又不断化解小冲突,通过冲突的发生和解决来体现一家人相互理解、互敬互爱的亲情关系。

2. 安排"意外"

意外,就是让读者造成判断上的失误,一旦最后弄清楚了事情的真相,便会心头一震,影响格外深刻。

《在那颗星子下——中学时代的一件事》中,作者叙写"英语考试事件"部分,写得一波三折,富于变化。这主要得益于四次"意外"安排:考试前夜看电影,想不到不期而遇林老师,这是第一个意外;临考"抱佛脚",却得了 113 分,全班第一,这是第二个"意外";试卷讲评时,先得到了老师的夸奖,既而重考只有 47 分,这是第三个"意外";事后,成绩单上英语考试的成绩"仍然是叫人不敢正视的'优'",这是第四个"意外"。如此"意外"迭生,使行文波澜起伏,跌宕多姿,引人入胜。

3. 设置"悬念"

悬念,是逗引读者好奇心的一种写法。写人写事,先把读者的好奇心逗引起来,当读者想进一步了解的时候,突然刹住不告诉读者,转换话头去讲别的。这就是悬念。其中反常法比较多用,这种写法主要是利用人的反常言行设置悬念,使读者产生基于了解到这种反常言行的原因的期待心理。

萧乾的《枣核》一文,文章一开始写友人再三托付的只不过是"几颗生枣核","不占分量","可是用途却很蹊跷",由此抛出悬念,引人入胜。友人得到枣核时"托在掌心",十分珍惜,却故意卖关子,不马上回答枣核的用途,进一步吸引读者。友人领我到她家的充满家乡味道的后花园,接连用四个"想",解开悬念:要枣核是为了种枣树,种枣树则是思乡之情的集中体现。结尾一句话:"改了国籍,不等于就改了民族感情;而且没有一个民族像我们这么依恋故土的。"呼应开头,画龙点睛,从更深的层次解开悬念。文章篇幅不长,却富有波澜、摇曳生姿。"悬念"的作用,功不可没。

4. 运用"插叙"

插叙在行文上的作用,可使文章的结构紧凑,避免呆板、拘谨,使行文起伏多变。

张之路的小说《羚羊木雕》,就很好地运用了"插叙"。作者把发生在后的"查问木雕"一事放在文章开头,把发生在前的"赠送木雕"放在后面。这样写的好处在于:把故事情节安排在一天时间里,借回忆来反映"我"和万方的真挚友情,交代赠送木雕的原因,既使故事完整,又显得集中紧凑。文章劈头就从妈妈追问"那只羚羊哪儿去啦"写起,一开头气氛就很紧张,紧紧抓住了读者的注意力,避免平铺直叙,从而引人入胜;让"我"一开始就处在尖锐的矛盾中,一边是父母逼迫,一边是极不情愿,这样使全篇叙事有波澜、有情味。林海音的《爸爸的花儿落了》是随着主人公起伏的思潮而记叙下来的,所以文章较多地采用插叙手法,时而写眼前的事,时而又回忆往事,使文章显得波澜起伏、跌宕有致。

2018 年 8 月 10 日,第 14 届上海市语文教育评价研讨会在华东师范大学召开。嘉定区一名普通中学语文教师,以一个阅卷者的角度,对 2018 年中考语文作文情况做阐述时特别提到"作文结构":"平铺直叙"不可取,"有波折有起伏"才有高分。

## 七、讲究层次，重视渲染，富有韵味

如何写好一篇记叙文，使读者爱看？可以从三个方面尝试写法提升。

### 1. 讲究层次

一般同学写文章往往不注意写出事件的层次，总给人一种笼笼统统的感觉，模模糊糊的印象，读过之后，了无痕迹。如下文：

---

**例1**

很快的，100米的比赛来临了。随着枪声的爆发，运动员们就像离弦的箭一般以迅雷不及掩耳之势直冲出去。当1500米来临之时，运动场上更是一片精彩。只见我班的同学对着运动员大喊"加油，加油，超过前面的同学，你可以的"。顿时欢呼声、呐喊声交织成一道独特的风景线。

---

这种浮光掠影般的写作，仿佛一道影子在读者眼前一闪而过。写者自以为完成了任务，读者却没读到什么，更不用说感染或感动之类了。这类文章存在着一个普遍的写作欠缺——缺少有层次的描写。要把人、事、物、理写清楚，写具体，首先要在写出层次上多下功夫，只有层次清晰了，过程的具体、形象的感人才有可能。如下面这段文字，同样是描写运动场景的，因为层次处理得好，所以写得真切感人。

---

**例2**

"加油！加油！"操场上传来排山倒海的欢呼声，一潮高过一潮。

激动人心的女子800米拉开了序幕，只见跑道边站满了人，运动员们跃跃欲试。

"砰！"运动员们像离弦的箭一样冲了出去。刚开始，她们都铆足了劲抢内道，一圈后，便拉开了距离。我班的跑步健将八八居然落在了后

---

面！我们的心都揪了起来。"加油！""加油！"场外啦啦队的喊声一阵高过一阵。已经第三圈了，运动员们的体力消耗很大，可仍然坚持着。"怎么还不加速？"我们的心揪得更紧了。她仍旧不紧不慢地跑着。到了第四圈，她突然爆发——用力地甩着胳膊迈开大步，飞速地向前冲，竟然一下超过了四个选手，名列第三。"八八，加油！加油！"我们扯开了嗓子大喊。我多么希望给她一双翅膀，让她更快，更快！此时，她成了全场瞩目的焦点，所有人的目光都集中在她身上。八八好像有神助似的，越跑越快。"看！像豹子一样矫健，像雄鹰一样迅速。"还有 20 米，10 米，5 米……不负众望，八八用她的无敌飞毛腿赢得了第一名。

文中"刚开始""一圈后""第三圈了""第四圈""20 米"等词语的存在使得文章层次井然，再加上动作和心理描写，更增添了文章的现场感。要写出层次来，就要关注这样一些维度：时间、空间、事情的演变、事物的发展、由小到大的演化等。

2. 重视渲染

不少同学写文章，往往采用"直线式"，咬住一个写作对象，笔笔都不离开写作对象，从来没有想到过可以宕开一笔，和写作对象拉开点距离，写写与对象有关系的其他人、事、物等，这样反而可以把对象写活了。

下面两段文字我们可以比较一下，体会渲染手法的好处。

例 3

过完了大年三十，大年初一早晨，一大早起来，先赶到爷爷奶奶那拜个年，收到了爷爷奶奶的大红包以后回家吃早饭。回到家，发现妈妈为我准备了酒酿汤圆，在汤圆中还放了几粒红色的枸杞，软糯的汤圆加上甜甜的滋味，还有红色的枸杞点缀，味道不要提多好了。当我尝着汤圆时，才明白这才是年的味道，是春节最甜蜜的那一刻。

**例 4**

"送走 2017,我们即将迎来 2018,在此,我们祝福电视机前的观众朋友们,新年快乐!"我听着电视机中欢快喜庆的音乐,开始憧憬起明天。明天起就是 2018 了呢,要去拜年,会收到多少红包呢!"快去睡觉,明天要早起!"爸爸进房间关了灯。晨光熹微,透过轻薄的纱帘进入房间,我揉揉眼,睡眼惺忪地跟着爸妈上车出发。妈妈抚平我衣服上的褶子。我转头,一大片红梅在春寒料峭的枝头盛放,在寒风中傲然挺立,冷色的灰白天空令人眼前一亮。紧接着,驶过一幢幢人家,屋檐上几个大红灯笼高挂,门柱上的对联、门楣上的横批无不在向我示意:新年了! 我沉浸于新年喜庆的气氛中,车子已然驶到爷爷奶奶家门前。

例 3 的文段就属于"直线式"的,小作者的笔一直紧盯着自己不放,始终从自己的角度来写。这样写,不但笔法显得僵硬,而且也写不出春节的气氛,更不用说春节给人的味道了。例 4 就不同,作者的笔是灵动的,文章的空间被拉开了。我们听到了春晚主持人的声音、爸爸的叮嘱和关灯声。见到了晨曦、红梅、辽阔的天空、大红灯笼、对联等,喜庆的气氛就弥漫在宽阔的春节空间里,再加上作者的自我感受,文段就写得有画面、有气氛、有情绪。这就是好文章的基本形态。

3. 富有韵味

"有味"的文字不仅耐读而且让人爱读,主要由于文字是有意蕴的,通俗点说,就是有内涵,在文字的字面意义上缭绕着情绪或者神采的氤氲,让人玩味迷恋。

萧红在《祖父和我》一文中有这么一段话。

这榆树在园子的西北角上,来了风,这榆树先啸,来了雨,大榆树先就冒烟了。太阳一出来,大榆树的叶子就发光了,它们闪烁得和沙滩上的蚌壳一样了。

这榆树显得神秘,像一个老精灵,从而把一个热爱自然,有着无限好奇心的孩子写出来了。那么作者是如何达到这样的表达效果的?其实也很简单,就是借助"感觉和联想",用它们去更好地表达,于是被感觉和联想的事物就会灵动起来,神采起来,文字就逐渐地"贴近"有味了。

> ① 像知了坐在森林中的一棵树上,倾泻下百合花也似的声音。(荷马《伊利亚特》)
>
> ② 雾来了,踮着猫的脚步。(桑德堡《雾》)

以上两句都是化抽象为形象,运用通感、相似联想等感觉和联想的转化,打破时间、空间的隔阂,用电一样的速度让心灵的感觉直接抵达,让读者感同身受。

下面是一位学生的一段习作。

> "世外高人"未必不亲切随和。在初二第一学期初,他请我去办公室做客,当时我内心惊怕,自问不知做错何事。至办公室,却只见他转身从桌上拿出一个塑料壳子,里面端放着一个黑色笔袋:"初二了,好好学,争取考上七宝那样的高中。"我接下了这承载着期待的笔袋,内心难掩激动。"好了,你走吧。"他坐回自己的黑色座椅上,转回身去,留下一个背影。但我总觉得,他还在默默看着我,期待着我,鼓励着我。阳光透过窗户照进办公室的一株绿萝上,增加了几分金色,几分迷离。我至今没忘他当时浅浅的一笑,而这珍重的笔袋,也被我沿用至今。

当作者写到"转回身去,留下一个背影"时,我们以为文段要结束了,因为亲切随和的意思仿佛也说完了。但出乎意料的是,作者继续延伸描写,写了自己的感觉和联想,这下使得这段文字一下子神采焕发、韵味悠然。一个普通的老师所做的一件平凡的小事,却在孩子的心里既像平凡的绿萝一样常绿,又像阳光一样温暖人心。绿萝和阳光让老师的形象具体而诗意。"有味"的文字就是这样的富有美感。

　　写作文，既要写，又要不断地吸取写作的养料，不断地把这些养料融化进平时的写作训练中，成为一种运用自如的习惯，写作文就会成为一件快乐的事情，好文章就会像春天的花朵一样一朵一朵地开放。

# 第三节　修改出佳作

好作文是修改出来的。学生的作文尤其需要如此做。只有反复地修改，学生才能体会一篇作文成长的过程，从中悟出作文的经验来。

## 一、变化结构，突出主题

以一篇《身边的变化》来谈谈记叙文结构对于主题表达的作用。班中有学生以"手机"为对象，写了智能手机给家庭生活氛围带来的变化，借此表达一种忧虑：现代人在有了智能手机之后家庭亲情关系疏离和淡漠。我把内容和结构简要梳理如下：

> ① 泛泛议论智能手机的利弊。
> ② 记叙从前没有智能手机时，家人团聚吃饭和看电视的热闹场景。
> ③ 记叙现在有了智能手机后，家人团聚吃饭和看电视的冷清场景。
> ④ 简述自己对从前的想念。

班级三十多个学生，百分之八十以上写身边变化的内容并不相同，但结构基本相同，大都采用顺叙的方法，按时间先后来写。

这样写，虽然有内容上前后之间的对比，表现了"变化"，但是由于过去归过去，现在归现在，在时空上彼此相隔遥远，所以给读者的感觉就是这种"变化"没有被强调，没有被突出，从而影响了主题的显豁。而开头和结尾的议论由于采用泛泛而谈的方式，使主题的表达缺少了真切和坦诚的情感态度，更进一步冲淡了文章主题的表达。这样的写作处理常常使文章流于普通，难以成为优秀之作。

本篇文章要有所"升格"，最好在"变化结构"上下功夫，努力做到前后变化的内容既紧密又鲜明，如同"黑白"，如影随形，相伴而行；同时应该避免首尾段落的泛泛议论,最好借助形象来抒发自己的情感,或运用细节来表达自己的价值取向。

改动如下:

①"哈哈哈,真逗!"妈妈看着光亮闪烁的手机,情不自禁地轻笑着。"小玉,今天是为你爸爸庆六十大寿,就把手机放了吧,一家人难得聚在一起好好吃个饭,也让你爸爸高兴高兴。"奶奶带着央求的神色对妈妈说着。妈妈尴尬地笑了笑,把手机放在桌上。夹了一筷羊肉给爷爷:"爸爸,你吃啊!"爷爷看着,却并不说话,似乎这个寿宴让他感到寂寞。是啊,此刻,爸爸正低着头,右手快速地刷着屏,那神情早已不知道在哪山哪水了,也许早已离我们十万八千里了。"滴滴。"妈妈的手机一闪一闪,妈妈赶忙拿起了手机看。**桌面上热菜的蒸汽缭绕着上升,我凝视着缥缈的雾气,那遥远的热闹场景映现在我的眼前。**

②(记叙没有智能手机时家人团聚吃饭的热闹场景)

③"来来来,好孙子,吃菜!"爷爷的叫唤声把我拉回到现实,我的碗里放着爷爷夹的五香牛肉。"谢谢爷爷!"……奶奶一个人在厨房里洗着碗筷。妈妈坐在沙发上,沉浸在韩剧里异国他乡的玫瑰色梦幻中。爸爸大约在三国的疆场上骑着战马挥舞着狼牙棒奋力搏杀呢。只有爷爷一个人坐在电视机前,**他投在地上的身影像一枚飘落的秋叶。唉,这电视机前曾经留下过我们一家多么甜美的幸福……**

④(记叙没有智能手机时一家人围看电视的温馨场景)

⑤**电视已经关掉了,爷爷奶奶不知道哪里去了。"妈妈!爷爷奶奶去哪儿了?"**我问窝在沙发里融进韩剧中的母亲。"妈妈!爷爷奶奶去哪儿了?"我提高了嗓门问。"哦,不知道啊,可能下楼去了吧!"妈妈仿佛从遥远的韩国回答着我的话。我幽怨地看了她一眼,走到阳台上,往下看去,暮色苍茫,楼下深青的大道上晃动着两个老人的身影,是爷爷和奶奶,还有一条白毛的趴儿狗。"爷爷,你为什么要养狗啊?""有条狗,家里就热闹些!"我想起有天爷爷回答我。我久久地看着在暮色中飘动的老人的身影……

什么时候,我们一家人,爷爷,奶奶,爸爸,妈妈和我,一起在暮色中手挽手地散步在深青的大道上? 天上挂着一两颗稀疏的星子,月亮悄悄地爬上了树梢……

改文把原文的顺叙变成了两次插叙,开头也毫不留情地删去了空泛的议论,直接呈现有了智能手机之后家人团聚吃饭的场景。改动之后,过去和现在的对比是通过"我"之所见和"我"之所想来完成的,时间和空间的遥远相隔被浓缩,使得文章所写内容在时空上更为紧凑集中,热闹与冷清,温馨与寂寥,对比鲜明,给读者以强烈的画面感受。最后采用想象中的画面来结束全文,意味深长,给人留下思考的空间,很好地突出了习作的主题思想。

通过这篇习作的修改,我们可以领悟到一点写作的法门:变化结构,突出主题。写作文虽然不像作家那样是一种创作,但也需要一种创造精神,善于在结构上变化,往往能够让习作更上一格。

## 二、写出"一直",写足"阳光"

一次学生完成了《成长路上,一直有阳光》的习作,收上来把学生的习作统看了一遍,发现学生的作文大都写一个事件,然后在结束部分很简略地写某个人物对自己的鼓励或者关爱之类,随之感叹道:"原来,成长路上,一直有阳光相伴。"

显然这样的习作明显地存在着题目和具体作品之间疏离的两个问题:一是"一直"未体现;二是"阳光"未写足。

对于这两个问题,学生在审题阶段就没有好好地思辨这个题目,没有对这个题目中的所有词语进行斟酌,拈出需要关注的词语进行思考,并在写作中加以"落实"。很多学生对作文题目经常是匆匆扫过就落笔下文,于是乎,题目中或者"限制"或者"修饰"的词,都被匆匆地忽略了;需要重点落实的"中心词"也由于匆匆地不加思辨,不加收集、挑选、组合地信笔写去。结果,写成的作文就像一个歪瓜裂枣般地疏离文题,成为一篇下下之作。就这个题目来说,文题中"一直"和"阳光"这两个词语需要鲜明地落实。

如何在审题阶段能够基本确定写作的大致方向、基本框架？我以为可以做一个小练习，就是"题目句子化"。比如就"成长路上，一直有阳光"这个题目，可以"句子化"为：

在我练习钢琴的成长路上，从小学三年级到现在初三，一直有阳光温暖着我，照亮着我，我感谢那些阳光：老师的鼓励、父母的支持、同伴的欣赏。

这样，我们就容易找到写作的具体内容，从而为写好作文打下基础。

那么"一直"在习作中如何体现？可以安排学生列一个简单的写作提纲。现拟列提纲如下：

---

**A：纵向式结构：**

① 许多年前（或小学等时间段）＋叙述故事＋"我"的感受（点出阳光）

② 多年以前（或中预等时间段）＋叙述故事＋"我"的感受（点出阳光）

③ 现在＋叙述故事＋"我"的感受（点出阳光）

**B：倒叙式结构：**

① 现在＋叙述故事＋"我"的感受（点出阳光）

② 许多年前（或小学等时间段）＋叙述故事＋"我"的感受（点出阳光）

③ 多年以前（或中预等时间段）＋叙述故事＋"我"的感受（点出阳光）

---

从以上所列两种结构可以看出，"一直"这个时间副词是通过三个时段来体现的，三个时段的连续，就是文题中标明的"一直"。写作时列提纲的一个好处，此处就可以明显地看出，文题中的词语是如何被落实下去的。有了这样的提纲，就为实际写作提供了一个大致框架和方向，不至于信马由缰地写，以致偏题、跑题之类的失分现象频出。

为了能够把"一直"表达充分，我们还可以学习加西亚·马尔克斯在《百年孤独》中的一道语式：

---

许多年之后，面对行刑队，奥雷良诺·布恩地亚上校将会想起，他父亲带他去见识冰块的那个下午。

---

化用在这篇文章里,改动如下:

> 许多年之后,我常常会想起许多年之前某某人给我的鼓励,觉得那阳光像时间一样一直在,始终给我以温暖,给我以前进的方向。

这样的化用经典语式,收到了一举两得的功效,既体现了"一直",又强化了"阳光",给文章平添了文采。

通过这样两个学习支架的搭建,学生的习作有了第一次升格。

第二步尝试解决第二个问题:如何把"阳光"写足?

下面是学生习作中的一个片段:

> 我长到上小学了,那盏破破的小灯在我不经意间,永远消失在陈旧的杂物中。在小学里,我交到了第一个朋友,她是第一个与腼腆的我说话的人,也是唯一一个愿意与我交流的人。"你最喜欢什么花?"她突然的一句话,显然不是聊天的好技巧,让羞于表达的我没有办法,也没有胆量回答。"那我先说,我最喜欢太阳花,因为它开花的时候像太阳一样灿烂。"那一刻,我觉得那开朗女孩的笑容一定像她喜欢的太阳花一样,明亮而灿烂。

在这个片段中,写阳光的句子是"'那我先说,我最喜欢太阳花,因为它开花的时候像太阳一样灿烂。'那一刻,我觉得那开朗女孩的笑容一定像她喜欢的太阳花一样,明亮而灿烂",虽然写到了"阳光",但是这"阳光"对"我"的影响并没有写出来,也就是真正在"我"身上的"光合作用"没有发生,让我们觉得那"阳光"在眼前,却没在"我"心里,总觉得"阳光"和"我"之间有一层疏离。我在这里称之为"未写足"。实际上,我们在初三学生所写的习作中,经常会发现文题中的关键词语"未写足"。我对学生们说,要"写足",就需要进行"延伸写作",延伸必要的细节,诸如动作、语言、心理等，从而把"意"写足。上面的片段建议做如下的延伸写作：

> 我长到上小学了，那盏破破的小灯在我不经意间，永远消失在陈旧的杂物中。在小学里，我交到了朋友，她是第一个与腼腆的我说话的人，也是唯一一个愿意与我交流的人。"你最喜欢什么花?"她突然的一句话，显然不是聊天的好技巧，让羞于表达的我没有办法，也没有胆量回答。"那我先说，我最喜欢太阳花，因为它开花的时候像太阳一样灿烂。"那一刻，我觉得那开朗女孩的笑容一定像她喜欢的太阳花一样，明亮而灿烂。**"来，我们去看太阳花!"她拉着我，飞向学校南墙花园去，那里一丛丛金色的太阳花像霞光一样。飞奔中我感觉像两只彩蝶一般，奔向自己最美丽的家乡。时间不断地奔流消逝，可是，彩蝶般飞翔的幸福始终没有消逝，永远地留在了我的心海里。现在我明白，这阳光对于孤独中的我竟然是永恒的。**

延伸写作写出了"阳光"带着"我"去寻找美好，也写出了发生在"我"心里的"光合作用"："我感觉像两只彩蝶一般，奔向自己最美丽的家乡。"更写出了这"阳光"对"我"影响之久远。

作文伊始，需要认真审题，明确文题中的"限制词""修饰词"，把握文题中的"关键词""中心词"，这之后最好能够构建一个大致的写作框架，并能和文题进行相互参照，以便检查是否"合格"，然后再进行写作，具体行文时考虑如何写足"关键词"或"中心词"。这样的写作往往不至于偏题或跑题，也往往能够写出上乘之作。

## 三、增强记叙文的故事性

爱看故事是人的天性，记叙文很多是记叙故事的文章，这个故事不像小说的故事是虚构的，它常常是生活里发生的真实事件。故事性强的记叙文往往能吸引读者，给人以更强的感染力，成为优秀之作。下面的三种手法可能有助于增强记叙文的故事性。

1. 穿插对话

曹文轩在论及"对话"时说:"小说的重要构成部分是对话。一部完全没有对话的小说,注定了是沉闷的、毫无生气的。在似乎无休止的叙述与描写暂时停止、从而转让给人物对话时,将会使阅读进入充满兴趣的状态,其情形犹如走在荒寂的野道上忽然听到了人的谈话声。"我想,记叙文也是这样的。

> "要说实话……是不是拿出去卖啦?"妈妈变得十分严厉。
>
> "没有卖……我送人了。"我觉得自己的声音有些发抖。
>
> "送给谁了? 告诉我。"妈妈把手搭在我的肩膀上。
>
> "送给万方了,她是我最好的朋友。"
>
> "你现在就去把它要回来!"妈妈坚定地说,"那么贵重的东西怎么能随便送人呢? 要不我和你一起去!"
>
> "不!"我哭着喊了起来。

这是张之路写的《羚羊木雕》里的一组母亲和女儿之间的对话。这样的对话把读者拉入了故事中,母亲咄咄逼人、不拿到羚羊木雕决不罢休的神情姿态仿佛就在我们的眼前耳边,不由得让我们紧张不安起来,替文中的"我"揪紧了一颗心。

好的对话就是人物自己在刻画自己,通过他的声音、语气、语调等表露着他的精神风貌。中年后的闰土在跟"我"对话的时候说到:"非常难。第六个孩子也会帮忙了,却总是吃不够……又不太平……什么地方都要钱,没有定规……收成又坏。种出东西来,挑去卖,总要捐几回钱,折了本;不去卖,又只能烂掉……"语句简短,又不断停顿的话语,让我们感到仿佛是一颗木讷、悲苦、了无生气的灵魂在呻吟。

记叙文中恰当地设计人物对话,有助于增强文章的声色。为了增强对话效果,突出人物形象,有两种小技巧值得学习使用。

一是"不见其人先闻其声"的对话形式。

> 原句：
>
> 犹记得那年秋天,妈妈在带我回家的路上问我:"你想学小提琴还是学钢琴?"我想说小提琴,可是话到嘴边又咽了回去。
>
> 改句(前置式):
>
> "你想学小提琴还是学钢琴?"犹记得那年秋天,妈妈在带我回家的路上问我。我想说小提琴,可是话到嘴边又咽了回去。

二是"独句成段"的对话形式。

> 原句：
>
> 我走进办公室,老师拿出试卷严厉地问我:"昨天的回家作业你有没有网上查?""我没有网上查,是我自己做的。"老师怀疑地看着我的眼睛,有一种忧虑浮现在他脸上。
>
> 改句:
>
> 我走进办公室,老师拿出试卷严厉地问我:
>
> "昨天的回家作业你有没有网上查?"
>
> "我没有网上查,是我自己做的。"
>
> 老师怀疑地看着我的眼睛,有一种忧虑浮现在他脸上。

修改后的对话,现场感更强,身临其境的效果更浓。

记叙文写作是贴近生活的写作,对话是我们生活中最常见的形态。在记叙文中穿插对话是对生活的还原,使作文更具生活气息。

### 2. 分解动作

有些同学认为人物动作难写,原因是人物的动作往往是一闪而过的,既难观察又难描写。其实,再复杂、连贯的动作,都不是一下子就能完成的。在观察和描写时，如果把动作分解成若干步骤，一步一步仔细观察，并选择恰当的动词一步一步地描写，就不难把人物动作写具体了。鲁迅是这样写"雪地捕鸟"的：

> 我们沙地上，下了雪，我扫出一块空地来，用短棒支起一个大竹匾，撒下秕谷，看鸟雀来吃时，我远远地将缚在棒上的绳子只一拉，那鸟雀就罩在竹匾下了。什么都有：稻鸡，角鸡，鹁鸪，蓝背……

这段文字中，鲁迅把一个"捕"的动作，拆分成了"扫、支起、撒、缚、拉"等多个动词，达到了让读者仿佛看见了这个动作，从而使文中人物活灵活现的效果。采用动作分解法来描写人物，首先要仔细观察人物动作的全过程，然后对动作的过程进行分解，看看人物的动作是怎样完成的，最后一步一步写下来。采用动作分解法描写人物动作时，要注意对人物的细小动作进行描写。

例如：

> 他紧张地把一根爆竹放在水泥地上，最大限度地拉开身子与爆竹的距离，努力地伸长胳膊，一点儿一点儿地把手靠近爆竹。手像犯病似地哆嗦着，还没等点着爆竹引线，就吓得转身撒腿跑开了。

小作者就善于把一连串动作进行分解，具体来切分，可以看到三步：一是放爆竹在地上；二是伸长胳膊靠近爆竹；三是手哆嗦着，撒腿跑开。具体动作有"放""拉开""伸长""靠近""哆嗦""撒腿"等，这些连续的动作，既具体写出"他"放爆竹的过程，又很好地表现了人物胆小、谨慎的性格。

在描写人物动作时，要准确使用词语，精选动词，力求把人物的动作写得准确、具体、鲜明，这样才能把人物的动作逼真地表现出来。《景阳冈》一文中描写武松打虎那一节，通过"劈下来、抱起、跳、退、丢、揪、按、踢、揪住、只顾打"等一系列动作，把武松打虎的情景描写得非常具体生动。

## 3. 设计情节

设计情节，就是要把原来概括的信息绘声绘色地展开描写、叙述。写人记事时，不妨把"经常""总是""每次"之类的词，转化为可观可听的"那一次"言行举止的具体描写，故事就应运而生、活色生香了。比较一下下面的两种表达：

> ① 傍晚，妈妈在等待孩子们回家。
>
> ② 傍晚，妈妈做好了晚饭，一个人走到村口，坐在路边的一块大石块上，纳着鞋底，时不时地抬起头，朝孩子们回来的路上望几眼。

这两句话虽然都是表达"妈妈在等待孩子们回家"，但句①只是交代，"等待"是抽象的、模糊的；句②是通过妈妈具体的形象来表现"母等孩归"，这样的"等待"就具体可感。这就是设计情节的魅力：使表达故事化。

魏巍在《我的老师》中这样写自己在暑假里想念蔡芸芝老师：

> 记得在一个夏季的夜里，席子铺在当屋，旁边燃着蚊香，我迷迷糊糊地往外就走。
>
> 母亲喊住我："你要去干什么？"
>
> "找蔡老师……"我模模糊糊地回答。
>
> "不是放暑假了么？"
>
> 哦，我才醒了。看看那块席子，我已经走出六七尺远。

你可以说这是生活中真实发生的事实，也可以说是作家设计的一个情节故事，其艺术效果就是有声有色地感染了我们，为这份真挚而淳朴的思念之情所感动。形象大于思想，设计情节就是为某种意思或某种情感寻找到适当的形象。

故事性强的记叙文，散发着浓郁的生活气息。读这样的文章，往往会不由自主地沉浸其中，感同身受，并容易与作者产生共鸣。穿插对话，分解动作，设计情节,在日常的写作中能够经常有意识地运用,相信笔下的记叙文会散发出浓浓的故事味。

## 四、设计"梯度",体现"专业",彰显"深度"

布置一道写"我的兴趣爱好"的作文题给学生,看学生的作文,发现一个通病,学生们普遍通过写一个事件反映自己的某种兴趣爱好。拿班中一位学生写的《我爱下围棋》的作文来说说如何改进。

他的作文可以概述如下:

> "我"喜爱下棋,经常会和同学们下棋。有一次,"我"去外公家,外公棋艺高超,"我"和他连下了三局,都以失败告终,"我"央求爷爷教我下棋,"我"的棋艺逐渐地进步了。

这样的作文给人的感觉就是泛泛而谈、敷衍随性、肤浅平庸,就像是一碗清汤寡水,读了之后了无生趣。

那么问题在哪里呢?如何修改才能彰显文章的风华呢?下面我们就从"梯度"和"专业"两个角度来提升这篇文章。

首先在内容上重视富有"梯度"的层次设计。从原文中"我"和外公之间的三弈三败的材料,可提取出"我"下棋属于"勇"的水平层次。这个"勇"的层次需要保留,但跟谁下,可以重新考虑。文章如果仅仅停留于这个层次,显然水平层次太低了。要升格作文的品位,那么此文需要在原有的水平层次上继续开掘,因而需要增加两个逐渐递进的层次,那就是"智"和"仁"的层次。"我"爱下围棋,不仅仅是因为我喜欢在这个黑白的世界里能体验到"疆场搏杀、叱咤风云"的英雄豪情,还因为,我体会到那种"运筹帷幄、决胜千里"的智慧韬略,更因为我领略到了"仁爱天下、四方来朝"的博爱襟怀。这样设计,我们会看到文章在内容上,从"勇"出发,走向"智",归结为"仁",三个层次,层层递进。最终,从下棋的兴趣爱好里,我领悟到了做人的真谛:努力做一个勇、智、仁兼具的人。一篇原本粗浅的文章,经过内容上"梯度"的设计后彰显出立意上的"深度"来。这样看来,平时写记叙文,不可不重视设计有"梯度"的内容层次,否则所谓的立意有"深度",往往成为一句空话。

其次,在细节上重视富有"专业"的技术处理。我们常常诟病某些电影电视胡编乱造,因多虚假而令人生嫌恶之心,更遑论什么感染力了。同理,写作文亦是如此。谈到某样手艺,某种技术,某个领域,都希望能够体现"专业"性来,以增加文章的真实性,增强文章的感染力。《我喜爱下围棋》原文在细节处理上几乎没写到下围棋的专业术语,一个围棋的战术名称都没见到,这很难让人相信写文章的人对围棋有多少了解。此类现象是很普遍的,有学生写《我爱阅读》,一篇文章看完,没有见到一本书名、一篇文章名称,你相信他爱阅读吗?有人写《我爱唱歌》,文中没有一首歌名、没有一句歌词、没有一个歌手姓名,你能相信他爱唱歌吗?这就是我们写作文时的一个通病:没有"专业"性。经过指导,提高了对写作文需要"专业"的认知后,对原文进行了修改,使文章在"专业"性上增加了不少亮色:专业术语多了,如"金角、领地、银边、草肚皮、中原大陆";战术名称也用上了,如"围魏救赵、暗度陈仓"等;还添加了有关战法的词语,如"稳操胜券、运筹帷幄、深谋远虑、暗藏玄机、波诡云谲、长驱直入"等。正是这些"专业"性的细节处理,使文章的真实性得到增强,从而产生了浓浓的感染力,让人顿生爱读之心。一篇原本粗陋的文章,一番"专业"之后,也儒雅生香起来。

总结本次对记叙类文章的修改,我们可以得出两条有用的写作经验:

一是在内容上重视富有"梯度"的层次设计;

二是在细节上重视富有"专业"的技术处理。

# 第四节　要写出真我

初中作文强调真情实感，要有真"我"，指导就要经常地落实这个"我"，让作文焕发出学生生命的个性光彩。

## 一、有故事，绘细节，显自我

如何写好中考作文？初三学生非常关注这个问题，同学们都希望自己在中考中能够写出一篇好作文，能够获得理想的分数，从而进入自己心仪的学校。

我们可以在以下三个方面作出努力：有故事，绘细节，显自我。

### 1. 有故事

作文最忌空谈，但是学生写作又最容易走入空谈。空谈与学生作文素材积累的缺少直接相关，也跟学生作文的为文意识和具体操作的缺失相关。

在批卷中，下面的文字是最常见的：

> **例 1：**
>
> 从一年级开始的剑桥辅导班到现在已经过八年了，当时的小苗苗已经成长成一棵小树了。在这八年期间，我通过了许多考试，剑桥的三级英语等级考试……我的知识日积月累到现在，已经变得十分丰富，然而我对学习的热情依然没变，平时我也会参加辅导班，等到空闲的时候，我还会拿出一些课外读物，做做，看看，练习练习，慢慢地闭起双眼，感觉自己正在学海中自由自在地畅快享受地游着泳。学海是如此的深厚，如此的清澈，如此的吸引人。今后，我还会成长，我还会迈向新的台阶，还会有新的知识增添进我的脑子，我还会更贴近学海，更享受学海给我带来的乐趣。

**例 2：**

我只是一名学生，对知识的认知程度还很浅，但我也全靠自己的努力在学海中向前游，一个浪两个浪都不会使我胆怯，它要阻挡我探求学海的道路，我就凭着我的双手自己开辟一条道路。只有经历种种苦难以及阻碍，我们才能茁壮成长，不再惧怕大风大浪，尽情地汲取学海中的知识。

以上两段，都是批卷时摘录的，粗粗看，好像还过得去，但分数就是打不高，原因就是比较空，泛泛而谈，没有实在的东西，看不出自己具体在做的，这就是学生作文中常常暴露出的喜欢"概述"。这种概述，缺少的就是个性化的东西，文章没有个性化的东西，往往成为套话、空话，成为一般化。而具体地写，就会显出个性来，文章就会有特色。如：

我喜欢夏天，烈日炎炎下，品读那一首首宋词。"众里寻他千百度。蓦然回首，那人却在灯火阑珊处。"渐渐成熟的日子里，我和语文学习更是心生默契，那一首首词，仿佛是一曲曲悠扬的琴声，拨动着心弦。夏夜，皎洁的月光入户，散发着柔和的光芒。那宋词便是阵阵凉风，清凉如水，平覆内心的波澜壮阔。看窗外花灯初上，凤箫声动，玉壶光转，整整一个浮躁的夏天，就在内心的平和中不知不觉地过去了。

在学海中游泳，我接受那身心的洗礼，伴我远航。

再如一篇《在学海中游泳》：

**开头：**都说"学海无涯苦作舟"，但我觉得，对于精妙宏伟的学海，仅仅"坐舟"远远不够，只有身体力行地在学海畅游，才能体会到汪洋学海的奥秘。

第二段：在学海中游泳，我收获了一份坚持到底的坚韧。在阅读《钢铁是怎样炼成的》一书时，保尔的坚持与勇敢给了我很大的影响。

第三段：在学海中游泳，我收获了一份为国效力、匹夫有责的爱国热情。"酒酣胸胆尚开张，鬓微霜，又何妨?"这种身老志坚的爱国精神如今看来是多么可贵。

第四段：在学海中畅游，我还学到了："随意春芳歇，王孙自可留"的淡泊宁静;"沉舟侧畔千帆过，病树前头万木春"的豁达乐观。

**结尾：**作为中学生，我们不能每天优哉游哉地在学海上泛舟而行，而要深入学海，尽情在其中畅游，就如毛主席所教导的：好好学习，天天向上。

我们可以比较，什么是具体，什么是个性化。个性化就在于你可以游泳数学，可以游泳语文，可以游泳小说等，但是，每一个人的具体情况又是不一样的，比如数学，有人具体在几何中的证明，有人具体在多元方程计算;比如小说，有人具体在《西游记》，有人具体在《红楼梦》，有人具体在《悲惨世界》中的"冉·阿让"这个人物的身世和经历。作文要写出自己的东西，就应该在这些内容上扎实，不能浮泛，不能空洞，所谓"言之有物"，这个"物"，就是具体而微，就是"实在"，就是"有故事"，给人以真实感。作文指导要在这个方面做填充题。

2. 绘细节

写人记叙文是以记叙、描写为主要表达方式，以展示人物个性风貌为核心，以揭示人物内在精神气韵、品德操守为目的的一种文体，目的是为了使人物个性鲜明，栩栩如生。在进行写人记叙文训练时，要首先让学生明确这一点，唯有这样，才能有的放矢，行之有效。

我们可以形象地称记叙文的通用方法为"镜头法""画面法"，即对生活片段工笔细描、粗线条勾勒，或浓墨重彩，或轻描淡写，或精雕细刻，或勾轮画廓。镜头法、画面法与叙述事件极为相似，一般情况下都有六要素，但比一般的事件叙述更具有艺术性，是"美化"了的事件。可以说，写好镜头、画面，是成就记叙文的关键。

> 母亲有点莫名其妙,就问:"哪个于勒?"
>
> ......
>
> 母亲回来了。我看出她在哆嗦。她很快地说:"我想就是他。去跟船长打听一下吧。可要多加小心,别叫这个小子又回来吃咱们!"(莫泊桑《我的叔叔于勒》)

这个片段中,镜头对准人物的语言、表情进行细致描摹,画面厚实、清晰,给人以身临其境之感。

这里,主体的观察感知、敏锐捕捉很关键。有些学生写自己的父母时感觉无话可说,不是他们与父母接触得少,而是不善于思考、观察的缘故。阿累只见了鲁迅一面,就能写出《一面》这样令人称道的作品,足见观察感知不仅在于长度、广度,更在于深度、力度。

> 他的面孔,黄里带白,瘦得教人担心,好像大病初愈的人,但是精神很好,没有一点颓唐的样子。头发约莫一寸长,原是瓦片头,显然好久没剪了,却一根一根精神抖擞地直竖着。胡须很打眼,好像浓墨写的隶体"一"字。(阿累《一面》)

这个片段不仅写外在肖像,更写出了鲁迅内在的"斗士"风格,真是形神兼备,惟妙惟肖。

再如语言,个性化是指人物语言要与他的身份、职业、性格、志趣高度一致,还要注意选用人物的习惯用语。《史记》写项羽、刘邦见秦始皇时,刘邦说:"大丈夫当如是也!"项羽说:"彼可取而代之。"同样的情境,两人的话却截然不同,主要是个性不同使然。

动作、心理亦如此,都要有明确的目的指向,或表现人物的内心世界、性格气质,或暗示人物的出身、职业,或透露人物的生活情趣、品德操守。总之,要突出个性化的取向。

必须说明的是,肖像、动作、语言、心理不必样样都有,更不必平均用墨,要视具体情形而定。一般可以四方面只突出一方面,其余从略。如记人文章常常是语言描写比重大,动作次之,肖像、心理更少。此外还有对环境的描写,有些记人文章往往侧重于自然景物描写,借助环境来写人、抒情。

这里介绍几种写人记叙文常用模式。① 用一个画面去揭示人物个性的几个方面,这个画面要写得充实、饱满。阿累的《一面》便属于这种。② 用几个画面去写人物个性的一个方面,几个画面要有详略主次,不可平均用力,要形成波浪式的起伏落差,而非直线式的平铺直叙。魏巍的《我的老师》便属于此类。③ 用几个画面分别展示人物个性不同的侧面。几个画面处于横式并列组合关系。一般情况下,画面不宜超过三个。如《谁是最可爱的人》,用三个画面展示了志愿军战士三方面的个性风采。上述模式以第二个更为常用,也更具有审美价值。

3. 显自我

叶圣陶在《作文论》中写道:"固然,思想、情感是目的,是全生活里的事情,但是,要有充实的生活,就要有合理与完好的思想、情感;而作文,就拿这些合理与完好的思想、情感来做原料。思想、情感的具体化完成了的时候,一篇文字实在也就已经完成了。"

写作就是把自己内心真实的精神活动展示出来,与别人交流。而议论和抒情,是展示自我内心活动的主要途径。如果文章中放弃了议论和抒情,往往就放弃了"我"的喜怒哀乐,"我"的真情实感,"我"的见解主张,文章的灵性和个性魅力就荡然无存了,那么,我们的文章又怎么能自然生动地感染人呢?

---

**议论**

例1:咸菜黄,虽沉沉的,不起眼,但却是一种节俭,一种淡泊,一种对生活的态度。这种态度,也许城市中的人会讥笑,称它为"寒酸",但在我看来,这正是外婆对生活的热爱,对生活的喜爱,对生活的享受。只是这份热爱,建筑于朴素之上;只是这份喜爱,更揉杂着一丝淡泊;只是这份享受,是对生活最真切、最朴实无华的享受。

例2：终于明白,那伟大的爱情是内心深处的那份感动。其实,爱情的美好并不在于永恒,而在于曾经拥有。那充满活力的鲜妍岁月不正是由点滴的感动变为永恒的传奇吗?

雨果曾经说过:人生是花,而爱情便是花的蜜。的确,爱情可以让人拥有不老的灵魂。

**抒情**

例1：我更怀念外婆。依稀记得,她是伴着秋天的黄离开我们的,树上飘落的黄灿灿的树叶为她送行。

例2：我太渺小了,不像游戏中叱咤风云、呼风唤雨、号令天下、唯我独尊的主角,更不可能在结果不如意时按下 RESTART 键,让一切重来。我从不相信神明的存在,否则为何这地震如此让人心碎,那神的仁又在哪?"天地不仁,以万物为刍狗",我们人类这个物种只能靠自己。远方的战士们,背负使命的战士们,请你们一定要活着回来。

在初三平日的习作中,有意识地在"有故事、绘细节、显自我"方面增强力度,相信,学生的作文一定会在中考中获得好成绩,助他们跨进理想之门。

## 二、描绘心理,写活人物

记叙文总是要写人物的,把人物写活,让人物有灵魂,这样的人物才能活在读者的心中。

那么,如何让人物鲜活呢?除了运用动作、语言等描写外,适当地运用心理描写也是不错的选择。凡是对人物或喜爱、或厌恶、或高兴、或悔恨等情绪、心理活动的描写,借以表现人物思想和性格的写作方法,我们称为心理描写。它是人物无声的语言,表现着人物丰富而复杂的思想感情。文章中有效地运用心理指导,往往能使人物栩栩如生,进而更好地表现文章的中心。

融进于具体文章的心理描写,有这样几种常见的写法:梦幻描写式、内心独白式、环境烘托式、动作语言式等。下面我们结合文章,具体介绍一下。

### 1. 梦幻描写式

梦往往是现实生活的曲折反映,借助对梦境的描写可以形象地反映人物的心理活动,解释人物的性格特征。契诃夫在《凡卡》的结尾这样写:

> 他在梦里看见一铺暖炕,炕上坐着他的爷爷,搭拉着两条腿,正在念他的信……泥鳅在炕边走来走去,摇着尾巴……

九岁凡卡的这个美梦,让我们看到了一个淳朴孩子对温馨家庭生活的向往,我们读着,仿佛能够看见漾在凡卡脸蛋上幸福的微笑。然而结合他悲惨的现实处境,我们又会感到特别的心酸,那抹心酸长久地徘徊在我们心头。

### 2. 内心独白式

人有时会情不自禁地自言自语,这时往往会毫不掩饰地倾吐自己的肺腑,把内心情思完全流露出来,直抵读者心灵。这就是内心独白。如都德的名作《最后一课》里小弗朗士有一段天真的内心独白:

> 我几乎还不会作文呢!我再也不能学法语了!难道这样就算了吗?我从前没好好学习,旷了课去找鸟窝,到萨尔河上去溜冰……想起这些,我多么懊悔!我这些课本,语法啦,历史啦,刚才我还觉得那么讨厌,带着又那么重,现在都好像是我的老朋友,舍不得跟它们分手了。

这段心理描写,深刻表现了小弗朗士对祖国语言的无比热爱之情,由此可以看出,在即将亡国的环境中,他的思想受到了极大触动,开始觉醒并成熟起来。内心独白是文中人物和读者进行的心灵交流。

### 3. 环境烘托式

融情于景,借景抒情,说的就是通过外在环境的描写,烘托出人物的心理。"感时花溅泪,恨别鸟惊心。"文章中的环境描写通常都渗透着人物的内在情思。

两岸的豆麦和河底的水草所发散出来的清香,夹杂在水气中扑面的吹来;月色便朦胧在这水气里。淡黑的起伏的连山,仿佛是踊跃的铁的兽脊似的,都远远地向船尾跑去了,但我却还以为船慢。

这段景物描写是鲁迅《社戏》中的,写小伙伴们划船去听戏中的所见所感,读上去为什么会显得那么诗情画意?因为此时此刻,在经历了一天波折之后的"我"终于能够去看戏,心情怎能不轻松,不愉悦呢!一切景语皆情语,好的环境描写彰显着景中人的"心灵"。

4. 动作语言式

语言和动作往往折射着人物的心理,塑造着人物的精神风貌。写作时通过描写人物的语言和动作来显示人物内心的感情、活画出人物形象,这就是动作语言式的心理描写。鲁迅先生在《孔乙己》一文中对孔乙己"排出九文大钱"的动作描写,把他在短衣帮面前显示阔气,炫耀自己有钱的心理表达得淋漓尽致。而后文的"他从破衣袋里摸出四文大钱",此处"摸"的动作与前文"排"的动作形成鲜明对比,栩栩如生地表明了孔乙己在窘迫下的自卑怯懦心理。

人物形象之鲜活主要在于人物是有心理,有性格,有精神的。在写作中综合运用不同描写心理的写法,努力让描写闪亮着人物的心灵之光,如此,文中的人物就会鲜活在读者的心灵里。

合理的运用心理描写刻画人物形象,在具体行文中,我们还应注意以下三点:一是写好心理活动的基础是叙事,有了实实在在的事情,才能写出真实的心理活动;二是在写人物心理时必须把握人物的性格特点,同时心理活动还要符合人物的年龄、身份;三是心理描写要和肖像描写、行动描写、语言描写等多种写作手法有机结合起来,才能产生良好的效果。

## 三、善用对比,抒写心理

有"我"的文章,往往能感染读者,使读者与文章中的"我"产生共鸣。这种文章,最大的特点就是在行文中注重心理描写,尤其是通过对比手法,细致地展示人物内心的变化过程,从而真情抒写,感动读者。

美国作家莫顿·亨特写的《走一步,再走一步》,在这方面做得很出色,值得我们在写作中学习借鉴。

**1. 轻重对比**

文章中写"我"爬山过程中害怕的心情,主要出现在两个地方,一处是第 7、8、9 三节:

其他的孩子一个接一个地往上爬,在突出的岩石和土层上找到放手和脚的地方。我犹豫不决,直到其他孩子都爬到了上面,这才开始满头大汗、浑身发抖地往上爬。手扒在这儿,脚踩在那儿,我的心在瘦弱的胸腔中怦怦地跳动,我努力往上爬着。

不知何时,我回头向下看了一眼,然后吓坏了:悬崖底下的地面看起来非常遥远;只要滑一下,我就会掉下去,撞上崖壁,然后摔到岩石上,摔个粉碎。

但是那些男孩子已经爬到了距离悬崖顶部三分之二路程的岩脊上,那里大约有五六英尺深,15 英尺长。我努力向他们爬过去。我慢慢地爬着,尽可能贴近里侧,紧紧地扒住岩石的表面。其他的孩子则站在靠近边缘的地方,这种情景让我感到反胃,我偷偷地抓住背后的岩石。

另一处是 16、17 两节:

我往下看,感到阵阵晕眩;一股无名的力量好像正在逼迫我掉下去。我紧贴在一块岩石上,感觉天旋地转。我想掉头回去,但知道我绝对回不去了。这太远,也太危险了;在悬崖的中途,我会逐渐感到虚弱、无力,然后松手,掉下去摔死。但是通向顶部的路看起来更糟——更高,更陡,更变化莫测，我肯定上不去。我听见有人在哭泣、呻吟；我想知道那是谁，最后才意识到那就是我。

时间在慢慢地过去。影子在慢慢拉长，太阳已经没在西边低矮的树梢下，夜幕开始降临。周围一片寂静，我趴在岩石上，神情恍惚，害怕和疲劳已经让我麻木。我一动也不动，甚至无法思考怎样下去，安全地回家。

显然作家通过前后对比，运用词句的细微变化，揭示出"我"的心情发生着变化，从先前的"满身大汗、全身发抖"到后来的"吓坏了"，"尽可能贴里面"到"感到阵阵晕眩"，"天旋地转"，"神情恍惚"，"麻木，一动也不动"，细致入微地表现出"我"的害怕心情随着事态的发展而逐渐加剧了。

2. 弱强对比

在文中，作者写"我"自信心的变化，展现了一个由弱到强的动态变化过程，这个过程主要也是通过前后的对比来完成的。原文是这样的：

这看起来我能做到。我往后移动了一下，用左脚小心翼翼地感觉着岩石，然后找到了。"很好。"爸爸喊道，"现在，往右边下面一点，那儿有另外一个落脚点，就几英寸远。移动你的右脚，慢慢地往下。这就是你要做的。只想着接下来的这步，不要想别的。"我照做了。"好了，现在松开左手，然后抓住后面的小树干，就在边上，看我手电照的地方，这就是你要做的。"再一次，我做到了。

就这样，一次一步，一次换一个地方落脚，按照他说的往下爬，爸爸强调每次我只需要做一个简单的动作，从来不让我有机会停下来思考下面的路还很长，他一直在告诉我，接下来要做的事情我能做。

突然，我向下迈出了最后一步，然后踩到了底部凌乱的岩石，扑进了爸爸强壮的臂弯里，抽噎了一下，然后令人惊讶的是，我有了一种巨大的成就感和类似骄傲的感觉。

从中我们可以看到，三节描写心理活动的文字存在着这样几处对比：

"这看起来我能做到"和"再一次，我做到了"构成了对比；"用左脚小心翼翼地感觉着岩石"和"抽噎了一下"，与"我有了一种巨大的成就感和类似骄傲的感觉"构成对比。正是这些对比性的描写，让读者体会到了"我"的内心逐渐强大起来的过程。

运用对比手法描写人物的心理活动，除了上面两种之外，还有"无"与"有"的对比，"正"与"反"的对比，"自己"和"他人"之间的对比等。

我们说，善于运用对比手法来描写人的心理活动，不仅可以展现人物的心路历程，丰富人物的形象，而且往往能使文章以情动人，直抵人心。

## 四、努力写出"我"来

"我"手写"我"心，"感人心者，莫先乎情"，写文章要努力写出"我"来，写出"我"的喜怒哀乐、"我"的真情实感，把作者的心交给读者，这样的文章才会有灵性，才能自然生动而打动人心。作文要写出"我"来，要真情动人，我们可以在这些方面做些努力。

### 1. "我"在自己经历中

选材要以自己的亲身经历为主，因为只有亲身经历，才会有自己的喜怒哀乐的情感起伏；才会有因事而发、因境而生的真切心理感受和体验；才会有联想想象而获得的思考和思想；才能写出"接地气"的、具有生活魅力与生命原始张力的好文章来，写出具有真情实感、真知灼见的上乘之作来。我们读过的《盼》《那个星期天》《别了，语文课》《走一步，再走一步》等课文，都是以"我"为主的文章，经历过才知道痛痒，品尝过才知道冷暖。写出这"痛痒"和"冷暖"，文章方能显出"我"来，从而感染甚至感动读者。近三年上海市语文中考的作文题分别是"不止一次，我努力尝试""没想到，真没想到""就这样，埋下一颗种子"，我们是否能看出这些题目都是强调以"我"为主的，后面两题都可以加一个"我"字，都强调写自己亲身经历的事情，以后的上海中考题也可能会继续保持这样的思路。

## 2."我"在细节描写中

我跨进书店门,暗喜没人注意,我踮起脚,使矮小的身体挨蹭过别的顾客和书柜的夹缝,从大人的腋下钻过去,哟,把短发弄乱了,没关系,我到底挤到里边来了。在一片花绿封面的排列队里,我的眼睛过于急忙地寻找,反而看不到那本书的所在。从头来,再数一遍。啊!它在这里,原来不是在昨天那位置了。

这是林海音写的《窃读记》里的一个片段。文中"踮起""挨蹭""钻过去""挤到""寻找"等一系列动作描写,生动形象地表现出"我"要看书的迫切心情。可以这么说,正是这样的描写使人物和心情都栩栩如生地呈现在我们面前,把我们带进了当时作者亲历的情境中,让我们也为之紧张。好的细节描写就像文章长了翅膀,既使形象活灵活现,如在读者面前,又显露人物的性情,真切感人,从而形神皆备,以"我"心唤读者心。

一位学生写自己吃小笼包,就很好地使用了细节描写,达到了又具体又真切的效果。

小笼终于上桌了!我激动地打开盖子,一股热气直冲云霄。我发现小笼包的样子很特别,像一座玲珑的小宝塔,又似一朵含苞欲放的鲜花,还如同一个可爱的胖娃娃,"它"的头上有许多小条纹,有趣极了。刚出笼的小笼包还在不停地冒着热气,上面还有一滴滴小水珠,看起来还真的像一个刚从澡堂里出来冒着汗珠的小胖子呢!如果细细地观察小笼包,会发现包着馅料的面皮薄得如纱一般,好像是透明的,隐隐约还能够看到里面米黄色的汤汁和酱红色的肉馅呢!我用筷子轻轻夹起一个小笼包,在上面轻轻地咬一个小口子,然后朝小孔里吹一吹,再慢慢地吮吸那鲜味十足的汤汁,接着用汤勺舀点醋沿着小孔倒下去,最后连皮带肉一起吃掉,一边嚼一边回味着汤汁的鲜香和馅料的可口,感觉自己在一个人间仙境,然后品尝着人间所没有的美食。

3.“我”在心理活动中

以“我”为主的文章,为了要突出“我”来,常常会借助“我”的心理活动来表现人物的心理感受,从而使读者感知人物甜酸苦辣的心路历程,体验心路上的风雨阳光。所以,善写“我”的心理活动,让“我”多愁善感,往往能够使文章所写之境如在目前,所抒之情如浮心头。

下面的作文片段在描写心理活动上值得称赞。

> 我敬佩冷锋身上那种至死不渝的坚强。我曾经阅读过顶碗少年的坚强、张海迪的坚强、王佳鹏的坚强,但这一次亲眼目睹的冷锋的坚强强烈地震撼了我。冷锋与雇佣兵老大的打斗最惊心动魄。我看着体型弱小的冷锋站在高大的对手面前,心里真为他捏着一把汗,感到希望非常渺茫。当对手一上来用暴雨般的拳头猛击着冷锋,对手抱着他狠狠地摔在墙角里时,我真觉得冷锋的所有挣扎都是徒劳的。但是,冷锋就像口香糖一样粘着对手,身上多处鲜血滴淌,可依然强力挣扎着站起,猛扑,厮打,目睹着冷锋掷去的拳头、踢去的腿脚,我觉得自己的力量也凝聚在拳头和腿脚上,狠狠地砸在敌人身上,最后以泰山般的力量击毙了敌人,昂扬起中国军人的铮铮铁骨。看到他脸上洋溢起胜利的微笑,我喜不自胜:冷锋,你是我最敬佩的人。

这个片段中,小作者多次描写“我”的心理活动,“心里真为他捏着一把汗,感到希望非常渺茫”,“我真觉得冷锋的所有挣扎都是徒劳的”,“我觉得自己的力量也凝聚在拳头和腿脚上,狠狠地砸在敌人身上”,“我喜不自胜:冷锋,你是我最敬佩的人”,这些描写,把“我”动荡起伏的心路历程写得细腻真切,使文章感染力倍增,紧紧地扣住了读者的心弦。

4.“我”在议论抒情中

文章贵有“我”,读文章的人喜欢与做文章的“我”真诚交流,以心换心,聆听“我”的真知灼见,感受“我”的一腔赤忱,阅读由此成为陶冶性情的美好之旅,议论、抒情就是旅途上的道道风景。

---

**议论**

这些残疾的小女孩,用美妙的天籁,唱出了对自然的爱,对母亲的爱,对我们这个伟大时代的爱。这包含着浓浓爱意的歌声,不正是世界上最美的声音吗?台上那个瘦弱而坚强的身影,多么像照亮世界的阳光啊!那一刻,我听到了天使在歌唱……

**抒情**

因为有亲爱的妈妈在身旁,那"吱呀""吱呀"的自行车声不再单调枯燥,不再让我心烦意乱,欢快的旋律中似乎还多了些跳跃的音符,多了些醉人的乐章;我才能够在最美的声音中感受到了母爱的温暖,触摸到了希望的阳光,追寻到了青春的脚步。于是,灵魂在震颤,未来在招手,希望在呐喊:"奋力拼搏,永不停歇……"

---

议论是"我"的思想在振动,抒情是"我"的情思在波动,这成了文章中一条有温度的性灵之河,处处让读者感到生命的脉搏在跳动。

在平日的习作中,要有意识地在"努力写出'我'来"这方面增强力度,切莫丢失了"我",要真切地写出属于自己的东西,写出自己的见解和个性,写出自己的文采和风格,作文一定会越写越好的。

# 第五章

# "明亮语文"的互动观

　　所有教学的终点都是不教,学生能够自教是做老师的幸福。教师在教学中应为学生铺设一条"质疑问难"的学习之路,敢于放手,勇于放手,把"教室"变成"问室",让学生大胆质疑,相互辩论,用心求证,培养学生成为善于"质疑问难"的人,成为"善于思考"的人,成为"自问自答"的人,改"问室"成"学室"。教师做一个"引动者","引"出学生的"能动""主动""自动",达到课堂教学高质量的"生动"。

# 第一节　开辟"我的阅读问题"

教法是教师的"工具",学法是学生的"工具",只有这两种"工具"结合起来,才能发挥整体作用。对学生来讲,学习方法作为"工具",内化为自己的认知结构,才会形成学习能力。学生在质疑时,往往不知如何质疑,这就需要教师加强对学生质疑的指导,使学生学会质疑,形成能力。

## 一、预习中开辟"我的阅读问题"

有问题的阅读才是深入的阅读。培养学生阅读中的问题意识、提问能力是一个长期的过程,这等于培养学生一种良好的阅读习惯。

我们从学生进入中预年级就开始了课前预习,每一篇文章的预习,最后一个环节就是"我的阅读问题"。下面是中预第一学期中一篇课文的预习。

---

### 8. 灯　　光

**(一) 词语**

1. 给下列加点词注音

豫皖苏　　　围歼战　　　黑魆魆　　　璀璨

2. 查字典解释成

聚精会神：＿＿＿＿＿＿＿＿＿＿＿＿＿＿＿＿

震天动地：＿＿＿＿＿＿＿＿＿＿＿＿＿＿＿＿

千钧一发：＿＿＿＿＿＿＿＿＿＿＿＿＿＿＿＿

3. 用下列词语写一段话

自言自语　　　憧憬　　　黑魆魆

＿＿＿＿＿＿＿＿＿＿＿＿＿＿＿＿＿＿＿＿

---

（二）**分析与理解**

1. 指出下列句子使用的描写方法

① 广场上千万盏灯静静地照耀着天安门广场周围的宏伟建筑。
（　　　　）

② 他正倚着交通沟的胸墙坐着，一手拿着火柴盒，夹着自制的烟卷，一手轻轻地划着火柴。（　　　　）

③ 我心头微微一震，是什么时候听到过这句话来着？噢，对了，那是很久以前了。（　　　　）

2. 小说围绕郝副营长主要写了两个场面：

场面一：_____

场面二：_____

由此可以看出郝副营长具有（　　　　　　）的精神品质。

3. 小说中有这么一句："整个团指挥所的人都焦急地钻出了地堡，望着黑魆魆的围墙。"你能理解作者这样写的作用吗？

_____

（三）**我的阅读问题**

_____

这样的预习，从中预到初三第一学期，持之以恒地坚持做，让全班学生都进行提问。正是由于从中预开始重视学生预习提问，不断地在时间的长河中肯定、鼓励、利用、提升，到初三时候学生的提问渐向成熟发展。

## 二、分析学生的质疑问难

要语文课堂教学有效的一个重要问题就是教什么才是真正为学生所需要的。目前的状况往往是：要么教师从自己的角度出发开发出一厢情愿的内容，要么从教学参考书上搬来照本宣科。这两者常常不考虑学生们的实际所需。不考虑具体学情的教学目标和内容,犹如无的之矢,不知所终。我们在教学之前,应利用学生质疑问难的预习反馈,分析评价学生众多的预习问题,从而从学情需要的角度,合理确定教学的目标与内容。这样的教学,针对性很强,直接切中学生的困惑,课堂的教学对话生命力强,大大提高教学的效果。

如教学《纪念白求恩》时,由学生上交的预习中的问题,最后确定为四个教学问题:

---

① 谁要"纪念白求恩"?

② 白求恩是一个怎样的人?为什么要纪念白求恩?

③ 怎样纪念白求恩?

④ 作者写这篇文章时怀着怎样的感情?

---

这四个问题构成了四个教学环节,每个教学环节所涉及的教学内容各不相同,却是层层递进、由浅入深的,阅读循着这样的路径抵达文本的核心。

我以为②③④三个问题是学生自我看书时不会的,深入地领会了这三个问题的内涵,学生对这篇文章的理解才是深刻的,对语文的体会才是有效的。

语文教学内容为学生所需要,所定的这个内容落在学生最近发展区内,这是语文课堂对话教学有效的前提条件。而要探知为学生所需的教学内容是什么,在我看来,通过预习中学生的质疑问难来获得是一条重要的途径。


## 三、编排学生的质疑问难

预习中或者课堂提问中,学生的问题多、杂、碎,但对于老师来说,都是重要的学习情报,需要做出正确的价值评估:一方面,它们为我们提供了确定合理的教学目标和内容的主要依据;另一方面,我们也可以选择其中的高品质问题,进行合乎逻辑的安排,组成一个问题链,从而形成课堂对话教学的相应环节,达到水到渠成的教学效果。

教学《周亚夫军细柳》这篇文言文,把学生预习中的质疑问难进行删选,最终选择了四个问题,并组成如下问题链:

1. 文章的写作意图是什么?
2. 题目是"周亚夫军细柳",但文中写周亚夫的文字很少,我不太理解。
3. 文帝为什么说周亚夫是"真将军"?"真"体现在哪些方面?
4. 文章第一段说"匈奴大入边"有什么作用?

我觉得这几个问题都很重要,第一个问题涉及写作目的;第二问题涉及作者的写作方式,即运用了衬托的方式;第三个问题是文章的深层问题,结合第二个问题来细读文本,归纳并梳理出周亚夫治军的军事素养和爱国情怀;第四个问题是把对人物的理解和时代背景结合起来,再结合第一个问题,进一步理解司马迁为什么要给周亚夫写传。

以上四个问题就可以形成教学的一条线和教学的主要内容,而这些问题都是学生提出来的。

问题来自学生,又回到学生那里,学生围绕自己想学的问题进行研读、讨论、归纳、总结,我觉得这很符合"书中学""做中学"的精髓。这样的语文课堂教学对话,既能基于学生的学习需要,又能达于课程目标。

## 第二节 引导学生质疑问难

学生质疑问难的能力是需要老师培养的。教学的一个重要方面就是教学生质疑问难的方法，训练学生在具体的文本阅读中发现问题和提出问题的能力。而方法的教授又不是传授式能够奏效的，需要在实践中学。

### 一、引导学生向课文题目质疑

围绕题目大胆质疑，往往可以一下子抓住文章的主要内容。在平时的教学中，笔者在把文章的题目写到黑板上之后，经常不让学生看书中内容，而是让学生看着题目思考——

如果我是作者，我会写哪些内容？看着题目，我有什么疑问？

比如，在讲《植树的牧羊人》一课时，我说："看到文章题目，你想到了什么？"同学们提出的问题有："植树的牧羊人是谁？他为什么要植树？""他在哪里植树？这是一个怎样的人？""作者为什么要写这个人？他想表达什么？"我把这些问题归纳分类后写到黑板上，然后让学生带着这些问题读课文，或者在文中勾画出答案，或者在文章的空白处写出答案。由于学生是带着自己感兴趣的问题阅读的，课堂教学对话有效地展开，所以课堂的效果比"满堂灌"的好多了。

就文章题目提出问题，对于语文学习来说，是一个非常好的阅读对话习惯。很多文章，如果能够就题目提出高质量的问题，那么，理解文章的内容恐怕也就不再是问题了。比如根据《最后一课》提出的题目：这是怎样的一课？这一课到底发生了什么事情？产生了怎样的影响？为什么是"最后"的，"最后"之后会是什么呢？就这些问题展开教学和阅读对话，那么，课堂的对话教学定会有高效的质量。所以，初中语文教学中，经常培养学生就文章的题目进行质疑问难，会有效促进课堂教学对话良好习惯的养成。

## 二、引导学生向标点质疑

　　文章中的标点是文章表情达意的一部分,优秀的作家总是讲究标点符号的使用,好的读者也总是在品味作品语言的同时也品味作品中的标点符号。有的句子的言外之意往往要借助标点才能把握其中的奥妙。如都德的《最后一课》,写小弗朗士上学去的路上,有这样一段话:

> 　　天气是那么暖和,那么晴朗!
> 　　画眉在树林边婉转地唱歌;锯木厂后边草地上,普鲁士兵正在操练。这些景象,比分词用法有趣多了。可是我还能管住自己,急忙向学校跑去。

　　这个句子的中间,用的是"分号",这有什么讲究? 分号表示并列关系。画眉鸟是大自然的美景,普鲁士士兵是外来的侵略,小弗朗士把两者并列起来,在他眼里外来的侵略和自然景物是一样的,划上等号的,说明他不仅贪玩不爱学习,还非常幼稚无知,一点也不关心时事。这就是这个神奇"分号"的表情达意作用。课堂上老师引导学生关注这个分号,引导他们发现问题,会有助于培养学生与文本对话的精细品质,从而引发深刻的教学对话。
　　也许正是由于这样的培养,所以学生在学习托尔斯泰的《穷人》一文时,就提出了一个令人惊喜的高品质问题:
　　小说结尾处桑娜的话:"你瞧,他们在这里啦。"句末为什么是句号而不是感叹号?
　　关心文本的细处,在文本的细微之处发现问题,积极思考,勇于探究,不畏艰难地向幽深处挺进,在这个过程中,不断地展开阅读对话和教学对话,文本的意义推陈出新,成长的意义不断新建,对话逐渐地迈向细微细致处。

## 三、引导学生向课文内容质疑

　　鲁迅的小说《故乡》是这样塑造少年闰土的形象:"紫色的圆脸,头戴一顶小毡帽,颈上套着一个明晃晃的银项圈。"讲起雪地捕鸟、月下看瓜、刺猹等"新鲜事",少年闰土滔滔不绝。在"我"的记忆中,少年闰土是神异图画中的"小英雄"。但20多年后的闰土,则"不是我这记忆上的闰土了……像是松树皮了"。从前是"小英雄",眼前却是麻木迟钝的"木偶人",现在与过去的闰土简直判若两人。我让学生运用对比思维,边阅读课文边填写表格,体会少年闰土和中年闰土在外貌、神态、言行上的不同。填完后,我说:"同学们,对此处的内容,大家有什么要质疑的吗?"一石激起千层浪,学生们纷纷举手。学生问道:

> 闰土20年来为什么有如此大的变化?
>
> 作者不惜笔墨来写闰土的变化,有什么用意?
>
> 这种变化说明了什么?它与全文的主题有什么关系?
>
> ……

学生能提出这样有深度的问题,说明他们认识到了探究闰土这一典型人物的思想性格特点对于文本学习的重要意义,其学习思维开始向"青草更青处漫溯"。

语文课堂要有效果,必须符合两个条件,一是阅读对话要有效,二是教学对话要有效。要达成这样的两个效果,都需要有好的问题。课堂教学中经常引导学生向课文的内容质疑,首先要培养起来的就是积极主动的提问习惯,这样的习惯为阅读对话的展开和教学对话的展开做好了铺垫。习惯一旦养成,在学生的质疑问难中,善于筛选的老师就会引导、提炼出高质量的问题,从而奠定下高质量阅读对话和教学对话的基调和方向,课堂对话的积极品质久而久之就在这样的过程中生根发芽,生枝长叶。

## 四、引导学生向关键句子质疑

课文中的关键句往往最能表达作者的感情倾向和写作意图,教师若能引导学生抓住这些句子质疑,可以收到事半功倍的效果。

例如,在教学《再塑生命的人》一文时,引导学生针对文中不理解的语句进行提问。有一个学生提出了这样两个问题:文中说"水唤醒了我的灵魂,并给予我光明、希望、快乐和自由","我"之前的"灵魂"是怎样的?"给予""我"的"光明、希望、快乐和自由"在文中有没有体现出来? 学生的问题为教学提供了很明确的内容和步骤,深入地阅读课文,准确地解答这些问题,将带领学生们不仅把握文章的主旨,而且能理解文章的写法和作者的情感。

诗有诗眼,词有词眼,文有文眼。文章中的关键句往往成为文章的眼睛或者窗户,聚焦这些句子,设疑问难,穷追猛打,就会把阅读对话和教学对话引向深处,拨开云雾,把握文心。阿西莫夫的小说《他们那时候多有趣啊》一文的最后有一个句子:"她想,他们那时候多有趣啊!"对于全文来说,是一个分量很重的关键句子。研究下列问题,将开启这篇文章的文心:"他们"是谁?"那侍候"是什么时候?"多有趣"具体指哪些?"啊"表达了怎样的情感? 为什么会有这样的情感? 作者想表达什么? 这样的问题对话才会具有深刻的品质,因了这种品质,才会抵达文章的核心;也因了这种品质,学生高品质的阅读能力才会逐渐地构筑起来,成就一个具有强阅读能力的读者,造就一个读者的丰富而诗意的人生。

## 五、引导学生将质疑问难带出课堂

思而产生疑,疑而促进问,问而获得知,知而需要记,记而知道缺,缺再继续思……学无止境,循环往复间迎来螺旋式的上升。当质疑成为一种习惯思维后,学生的质疑就不会随着下课铃声的敲响而结束,而是会将质疑延伸到课后。

教完《狼牙山五壮士》一文后的第二天,放学后有个学生来到我办公室说:"老师,我在《狼牙山五壮士》中发现了一个问题。"他拿出语文书,翻到文章所在位置有点小激动地说:"老师,你看,前面说他们是'战士',可是到后文都在说'壮士',这是为什么呢?"我看着他指点的地方,果然如此,一下子就觉得这是一个很好的发现,很有教学价值,可是为什么第一次教时没有发现? 我拍拍他的头说:"明天上课时你就把这个问题讲给同学们听,看看他们怎么回答。"这位学生的质疑再一次使我对"学无止境"有了新的理解,那就是"学生的潜力也是无止境的",如此才有"教学相长"一说!

文章常读常新，因为思考之水长流不息。笛卡尔说，我思故我在。思考，意味着问题的不断产生与回答的不断更新。一个"我"在的人生，其实就是一个无限对话的人生。不畏权威，不畏流言，只敬真理。引导学生将质疑问难带出课堂，目的就在于做一个"我思故我在"的人。当这样的提问与回答成为一种阅读的习惯，成为一种人生的阅读常态，那么生命与人生将在无限的对话中不断地被开拓与标高，"人"的意义因为这样的阅读常态而熠熠生辉。

# 第三节　总结质疑问难方法

　　培养学生的质疑问难,不仅要能够提问,而且要善于提问。要使学生逐渐地拥有善问的本领,就需要不断地和学生一起进行问题的评价工作,归类问题的提问角度,评价问题的质量,分析问题的表述,思考问题间的逻辑关联。只有在日常教学中,经常地从这样几个方面,以学生具体的问题为样本进行评价分析和总结,才能较为有效地促进学生提问的理性认识和提问的实际能力。

## 一、归类提问的角度

　　如何提问,不仅仅是个技术问题,更是个思维问题。提问的角度牵涉着思维的角度、思维的精细度。所以教学中很有必要对学生的问题进行归类,以便学生在提问的过程中了解提问的角度,促进学生提问能力的生长。

　　如我们对班级学生在拓展阅读《俄罗斯性格》一文中所提问题进行如下归类:

---

　　**(一) 关于"我"**

　　小说中的"我"有什么作用?

　　**(二) 探索细节,走进人物心灵**

　　① 你是怎么理解"他坐在父亲身边感到很高兴,可是心里也很难受"这句话的?

　　② 伊戈尔为何在给母亲讲儿子情况时有时详细,有时简短?

　　③ 对待未婚妻卡佳,他决定"这根扎在心里的刺他会从心里拔除掉的",这表达了什么?

　　④ 为什么伊戈尔回家后不在家住几天,而立马就走了?

　　⑤ 为什么 11 节中和 41 节中都写到伊戈尔本想雇一匹马,却还是步行去车站了?

---

**（三）写法与其他人物**

① 本文详写在家中的事，为什么？

② 文章对父母的外貌描写有什么作用？

③ 为什么卡佳是最美的姑娘，她的美表现在哪里？

**（四）关于文章主旨**

① 俄罗斯性格是什么？

② 文中的人各自面临哪些困难？

③ 中尉、母亲、未婚妻有什么样的共同性格？又有什么不同的性格？

④ 小说结尾的议论有什么作用？

以上我把学生的问题归类成四方面，也许学生提问的时候没有这样的角度意识，但是，通过这样的归类，学生的认识会上升一个层面，由感性跃升为理性，个别上升为普遍，特殊上升为一般；知道了对于文本可以从这样的四个方面去提问，这样的归类便于学生提问的迁移，从而形成能力。

## 二、评价问题的质量

学生的问题，由于个体之间的差异，会表现出很大的不同，问题的质量高下并存。评价问题的质量，就是要让学生知道高质量的问题高在哪里，低质量的问题低在哪里。经常这样做，班级的整体提问质量会有大幅度的提高。

如学习《雁》一文时学生提出关于称呼的问题共有六个，让班级学生评价一下问题的质量指数，从 1 到 10 分为十个指数等级，看谁的指数最高。

① 为什么对大雁的称呼代词用"她"而不是"它"？

② 雁是一种动物，为什么文章中用"她"？

③ 本文中写人时怎么采用"张家的男人和女人"？为什么不是"张家夫妇"？

④ 本文中写雁为什么不用"它",而用"她""他""他们"呢?

⑤ 作者写这篇文章时,为什么对母雁的称呼用的是"她",而不是"它"呢?

⑥ 为什么文章称人为"男人和女人",而称大雁为"她和丈夫"?

最后大家一致认为第 6 个问题指数为 10,原因是这个问题的理解几乎可以涵盖整篇文章的理解,不仅仅是内容,而且是写法,更深入到主旨。所以,这样包容性强的,牵一发而动全身的问题,就是高品质问题。

## 三、分析问题的表述

从"问"的表述而言,理想状态的提问,应能创设出一种使思考者产生疑问并迫切希望得到答案的求知心境,能够激发学生思索、探究并发表个性化意见。

《外婆的手纹》最后部分,学生的提问如下:

① 为什么文章最后一节要说"那永不失传的手上的温度"?

② 文章最后写"我""隐隐接触到了外婆的手纹"有什么作用?

③ 17 小节说"注定要失传"而最后小节说"永不失传"的手上的温度,其中的原因你知道吗?

④ 最后一段在全文中的作用?

引导学生针对这四个问题的表述进行分析,看看最能激发学生求知欲望的是哪一个。通过分析,大家认为②和③都是试题型表述,虽然简洁、规范,但缺乏灵动;①题让人有些"十万个为什么"的感觉,有些凝重和压抑;而④的问题表述能让学生有"我怎么没有想到"的感觉,这样,便有可能将思考者的注意力、思维力、记忆力、想象力等各种阅读理解所需的积极心理因素聚集到问题这个"焦点"上,诱发其认知冲突。好问题是恰当的内容和智慧的表述的统一体。

## 四、思考问题间的逻辑关联

课堂提问中问题间的逻辑结构一般有并列式、递进式、综合式。这是一线语文教师在实践中总结、提炼出来的教学经验,它对提高课堂效率有现实意义。我们在培养学生质疑问难能力的过程中,也需要指导学生考虑问题间的逻辑关联,这不仅仅是为了提高学生提问的能力,而且也提高着学生的思维品质(广阔性、深刻性和流畅性)。

在教学《青山不老》一文时,我把学生的问题收集、归类,最后呈现出如下五个问题:

---

① 怎么理解文末"青山是不会老的"这个句子的意思?

② 文章是怎样来表现这个老人的?

③ 为什么要写"村干部在旁边恭敬地补充着"?

④ 文中第⑤节中的景物描写很有特色,是否有其他含义?

⑤ "他已经将自己的生命转化为另一种东西"中"另一种东西"指什么?

---

和学生一起思考五个问题之间的逻辑关系,问题①要解决的是文章的主旨,是一个核心问题,如果解决了下面四个问题,就能解决这个主问题。问题②是内容和写法方面的,可以解决文章主体内容和主要写法。③、④两个问题是细节化阅读,可以更深入地理解人物和作者的写法独特。问题⑤是之前三个问题理解之后的总结。所以五个问题是递进式的逻辑关联,层层深入,随着问题的解决,对文章的理解也由浅入深,由表及里,由形式而内容而主旨。这样的分析指导,对于训练学生思考问题间的逻辑关联是有帮助的。虽然我们不能指望初中四年,对学生思维品质的培养会达到如何高的层次,但至少我们是做着培养学生思维品质的训练。我们坚信,这种培养会"香远益清"。

总之,学生探求知识的思维活动,总是由问题开始,又在解决问题的过程中得到发展的。古人说得好:"学贵有疑,小疑则小进,大疑则大进。"我们教师在教学中须切实重视培养学生的问题意识,让学生在创新中学习,使学生的素质得以全面发展。

# 第四节　问题带来教学转变

　　学生在预习中产生了问题,在课堂学习上提出了问题,课堂教学以学生的问题为主线,分类组合学生问题,以学生问题设计、展开教学活动,势必导致课堂教学的结构和内容发生改变。

## 一、收集预习信息,分析学情

　　学习本质上是学生由已知出发,通过主动学习,把未知转化为已知的过程。所以教学必须分析学生的已知,预测学生的未知,从而设计活动,达到教学的有效。

　　下面以《雁》的教学来说明。

　　《雁》是一篇小说,小说教学,可以当作文章来教,但这往往会把文学降格为文章,从而忽略了文学对生命的滋养。教学之所以要安排小说,其实是在学生最佳的生命成长阶段,用文学这种媒介,来养育学生的人格,也就是态度、情感和价值观的形成和成长。这种养成不是靠灌输能够达成的,因为它不是知识,也不是能力,靠训练难以达到。人的主体精神靠的是熏陶,而熏陶的一个重要途径就是体验。读小说,品味语言文字,进入体验,这是获得成长的重要途径。

　　之前此文教过多遍,且有反复思考、精心设计的教学,但都不是从教学互动的角度来考虑的,是从教师角度设计的,现在需要改变。在执教这小说之前,我让学生预习小说,并设置了提问这一要求。通过对学生预习内容的查看,发现学生对大雁之间忠贞不渝的爱情是读出来了。现摘录二个:

---

**作业一:**

　　这对雁在本文中经历的情感历程是一波三折的。"她应和着那只孤雁的凄叫。"这一句表明母雁和她的丈夫是非常相爱且非常幸福的。"他们随着家族在飞往南方的途中,她中了猎人的枪弹。"这一句表明原本他

---

们是很幸福的,可是由于母雁被猎人打中了,所以她和自己的丈夫被生生地分离了。"丈夫又一次盘旋在空中,倾诉着呼唤着。她试着做飞翔的动作,无论她如何挣扎,最后她都在半空中掉了下来。"这一句表明虽然母雁的丈夫回来找她了,但是她由于被张家的人剪去了羽毛而只能眼看着丈夫近在眼前,自己却无能为力。"两只雁头颈相交,死死地缠在一起。他们用这种方式自杀了。"表明他们宁愿和对方一起死,也不愿再分离。

作业二:

"人们先是看见那只孤雁在村头的上空盘旋,雁发出的叫声凄冷而又孤单。""她高昂着头,冲着空中那只盘旋的孤雁哀鸣着。她的目光充满了绝望和恐惧。"这两句写了这对雁因雌雁受伤了,不能飞翔而恐惧、凄冷、孤单。"她的心中装满了屈辱和哀伤。"她因丈夫的离去而哀伤,因与鹅呆在一起而感到屈辱。"在鹅群中,她仰着头望着落雪的天空,心里空前绝后地悲凉。"她因不能飞翔而感到悲伤。"不知过了多久,这凄厉哀伤的鸣叫消失了。"因不能在一起而哀伤,直至最后双双缠绕着走向死亡。

我们看这两位同学所写的,可以发现他们读出了两只雁彼此深厚的爱情。但是,他们是否体验到了这其中的感情并使他们自己内心有所触动?我看,学生可能停留在了解的层面上,或者有所感动,但这感动不见得有多深。因为从他们写出的内容来看,很多都是表面化的。那么教学就应该在学生已知的基础上继续深入,这样的教学才是合理的。针对这个部分,深入应该是体验,而体验应该立足于文本中部分没有引起学生注意的文字。

接着是对于小说中写到的人类的理解。我布置的题目是:文章中多方面地写到人的活动,这些内容究竟要表达些什么?现在也摘录两份学生的作业:

作业三:

文中对人作了语言、动作等描写,如 13 节:"人们看到了她这一幕,都笑着说:'瞧,她要飞呢。'"表现出了人心的黑暗,人们的残酷自私,衬托出了大雁们无私相爱、坚持的高尚品德,同时也批判了人们不在乎其他生灵的自私自利的恶劣品质,赞扬了大雁的"生死相许"。

**作业四:**

文章中多方面地写到人的活动,这些内容实际上要表达的是人类世界是残忍的,作为万物生灵的主宰者,他们并不了解大雁内心的处境和情感,他们是残忍的,和大雁显露出来的真情形成对比,起了反衬的作用。人类的残忍和无情反衬出了大雁的温情,深化了文章所要表达的主题,让读者读了之后有辛酸之感,不免要好好反思自己的行为。

从这两份学生的作业来看,学生们初步了解了人类与雁之间是对比关系,写人的活动,表现出人的自私、残酷,对其他生灵的不在乎,衬托出雁的无私相爱。但是两份作业都没有写出雁对自由、对尊严的坚守和追求,学生也没有写到雁的悲剧的直接制造者是人类;同时,也没有深究这出悲剧酿成的深刻原因是什么。所以,教学是需要进一步深入的。

在预习本上,还有另一道题:理解文章最后说的"僵直的头仍冲着天空,那是他们的梦想"。也摘录两条:

**作业五:**

我对这句话的理解是:"我"看见了两只雁之间深深的爱;"我"看到了两只雁仍然向往着飞回广阔的天空,和他们的同伴一起飞翔;"我"看到了他们对生活的向往,对生活的希望;"我"也感受到了他们不愿成为人类的赚钱工具,他们宁死不屈。

**作业六:**

我的理解:这两只大雁对天空很向往,希望能一起飞翔。可是由于张家的男人女人的阻挡,他们无法在一起。他们死的时候应该是悲壮的,对爱情矢志不渝,对生命坚贞不屈,他们守护的并不只有爱情,还有宽广的天空,表现了他们的可贵精神和对尊严的捍卫。

看这两份答案，学生有理解，都谈到了深深的爱，但这个"天空"既是实指，又是虚指，"天空"包含着更多的意思。这是学生还不能完全理解到的。所以，教学是需要继续深入的。

预习，是对学生学习准备的了解，由以上三道题，我们可以大致了解学生对这篇小说，在没有课堂学习之前，他们通过自己初浅的阅读，已经拥有了什么。这种课前的泛泛而读，学生对文本的了解大多是肤浅、不完整、不全面、不前后勾连、不仔细咬文嚼字的，思维大都表面化，甚至用套语和概念的地方也不少。我们的教学需要在课堂上把学生深深地引入文本，以他们的已知为起点，进入课文，咬文嚼字，抵达文本的深处。

那么，如何出发？

## 二、组织、安排学生问题

学生在预习中或课堂上呈现出的问题，是需要组织和安排的；把同一类型不同层次的问题做有逻辑的安排，保证课堂教学能循序渐进地向前。

同样以《雁》为例，我把从学生那里收集的问题归类如下：

---

**（一）关于"事实"的问题**

① 过了一个冬天，雁的羽毛没有长出来吗？

② 鹅和雁本质上没多大差别，是什么因素使鹅屈服于人类而大雁不愿意呢？

**（二）关于"受伤和爱情"的问题**

① 文章写到雄雁最后与雌雁缠绕而死，那之前写雄雁仍放弃雌雁而去，有什么用意？

② 孤雁的心情是什么？受伤的大雁是怎样想的？

③ 第 14 节中："她的眼里噙满了绝望的泪水。"她为什么而绝望？

④ "终于等来了春天""她终于等来了自己的丈夫"两句中"终于"表

---

达了什么情感？

⑤ 为什么第 3 节这只孤雁长久地不愿离开？

### （三）关于雁与人类的问题

① 人在打量雁的过程中发现了什么？

② 为什么要写 18 节"这样的景象又引来了人们的围观，人们议论着，嬉笑着，后来就散去了"，可以删去吗？作者的意图是什么？

③ 作者打量着这样的人的时候又发现了什么？

④ 文章不仅写大雁，又写人，有什么作用？

### （四）关于"称呼"问题

① 为什么对大雁的称呼代词用"她"而不是"它"？

② 雁是一种动物，为什么文章中用"她"？

③ 本文中写人时怎么采用"张家的男人和女人"？为什么不是"张家夫妇"？

④ 本文中写雁为什么不用"它"，而用"她""他""他们"呢？

⑤ 作者写这篇文章时，为什么对母雁的称呼用的是"她"，而不是"它"呢？

⑥ 为什么文章称人为"男人和女人"，而称大雁为"她和丈夫"？

⑦ 文章写"高昂着头""垂下了头""头仍冲向天空"有什么含义？

⑧ 本文中的环境描写有何作用？第 4 节为什么作者说是"高贵美丽的头"？

### （五）关于写法和主旨的问题

① 作者是怎样塑造雁的形象的？又是怎么来表达文章主旨的？

②《雁》一文中为什么没有出现孩子？作者为什么不把孩子也放进去？

### （六）关于题目的问题

题目有何作用？

我觉得学生的问题,给教学带来了很好的出发路径。他们的问题,正是他们在自己的初步阅读中未能深入的地方。这些问题的解决,意味着文本阅读的深入,意味着阅读方法的习得和技能的掌握。

比如在关于"受伤与爱情"题组里,问题④和问题⑤,好好地品味两个"终于",就能感受到丰富的内容和情感,和后面一个问题共同构成体验的途径,学生由此会体验到两只大雁之间的爱情的心路历程,从而获得感染,引发由衷的感动。

又比如,关于"雁与人类"题组中的①、③两个小题,学生依据文本,探究这两个问题,会看到人类身上的更多东西。

在学生问题中,第四题组很有意思,这是我备课中没有想到的,当我看到了学生的这些问题后,真是眼睛一亮啊!多么有意思的问题,这个问题把对第三题组的讨论引向了更高的一个层面,可以说,作者的"文心"被我们触摸到了。我由此深深醒悟到,如果没有注意学生问题的话,那么,我的教学内容不可能会有这个部分存在,而没有了这个部分,那小说的意味将在我这里大打折扣,这篇小说的美学价值和情感价值,真的将擦肩而过啊。

由此,我领会到,课堂教学的改进,很重要的一个方面是,学生是如何学习的?这个问题应该作为教师改进课堂教学需要考虑的一个重大问题。


## 三、学生主体,课堂翻转

学生是学习的主人,学习是学生的学习。这就是学生在学习中的主体地位。语文教学只有保证学生的主体地位得到落实,学生语文学习能力的增长才会成为现实。实施语文教学中学生质疑问难策略,能够在极大程度上保证学生学习的主体地位的落实。

首先,课堂所学是学生需要学的,这从学习内容上体现了学生的主体地位。学习新课之前都有学生的预习,学生们把预习中的问题写下来,老师把全班学生的预习问题收集、整理、分析、归纳,形成教学所需要的问题,这些问题涵盖着学习的内容(学生对文本的未知)。

其次,课堂采用小组讨论和个人探究相结合的组织形式,这从学习方式上体现了学生的主体地位。来自学生预习中的问题,在课堂上主要以四种组织方式展开：

① 收集并编排学生问题，使之成为课堂教学问题链，完成教学过程和内容。

② 个人问题汇合成小组问题，成为小组讨论学习内容，完成学习任务。

③ 个人问题提炼成小组问题，成为小组互相质疑探讨的问题，完成学习任务。

④ 个人问题成为自主学习问题，完成对教材的自我学习。

所以，这样的课堂，我们看到的就是围绕着自己的问题，学生们要么自己钻研，要么小组讨论，要么互相辩论。老师的重要角色任务就是连缀、穿插、点拨、导向和组织。课堂上呈现的主流是学生学习行为流。

学习主体地位得到保证，随着学习过程的不断推进，学生所表现出来的阅读文本的能力逐渐增强。

在质疑问难式学习过程中，学生提问的能力在增强，表现为他们逐渐地学会了提问的众多角度和着重点，而这些又反过来帮助他们从多个视角去阅读一个文本，不断地推敲文章由外而内、由显而隐的多个层次，从而较为丰富而深刻地读懂一个文本。他们不再仅仅停留在大致知道文本的内容的层面，他们跃上了更为高级的阅读层次，即对写法、语言等的探索。

# 第六章

# "明亮语文"的教师观

　　每一堂有效的语文课都是老师的心血凝结,亮闪闪的背后是无数时间里漫长的耕耘。精读和博览是老师生命的源头活水,常读常思才能生生不息。语言和文字如同日常的饮食,常饮常食才能保鲜语感、丰润情思。做一个勤于积累的人,丰厚的资料垫高了一个老师脚下的基石,站在更高的地方,看到更为辽阔的风景。用写来逼迫自己,一行行文字里见到自己的真实——平凡而普通。就此出发,在读、思、写、教中看自己能否前进。

# 第一节　爱阅读

自己谈不上痴迷阅读，但有空的时候，喜欢看看书。作为一个中师生，从学校出来的时候，所学的知识其实是少得可怜的，文本解读能力也非常低，把文本内容、故事情节作为阅读的重要内容。现在看来，这真是幼稚得可笑。

在安亭师范读书的时候，学校里有一个阅览室，很大，报纸杂志很多，这是我从来没有看到过的。图书馆也很大，藏书挺丰富。在那里读书四年，杂七杂八看了一些书和杂志，现在基本上都忘记了，但培养了自己爱看小说的兴趣。现在我记忆最清楚的是，在三年级的时候，看了张洁写的一部中篇小说《祖母绿》，我挺喜欢这篇小说。学校里正好搞一个教师节的征文活动，我把这篇小说中的部分情节改编成了以"我"为叙述人称的一篇记叙文，获得了二等奖。读书，给了我一点生活的甜味。

这些年来，喜欢看的书有王小波的《黄金时代》，书中表现了一个贫困时代的一段悲凉青春。王小波还写过一本《沉默的大多数》，我也喜欢看，我喜欢书中思考的独立性和思想的独特性，这多多少少影响了我。看加缪的《局外人》，我明白了坚守事实"真相"的重要性。作为一个人，他不能随波逐流，不能人云亦云；他应该有自己的看法，不管这种看法是成熟还是不成熟，他总得自己思考一些东西，对事、对物、对人，都需要思考一番，形成自己的看法；否则，自己的存在仿佛就是不存在的。阅读的过程，是一个逐渐认识自己的过程。《苏格拉底传》让我看到了一个伟大思想者的崇高形象，尤其是苏格拉底临死前在狱中的那些章节，像高山上的巍巍劲松，让我肃然起敬。我不知道这些书、这些人影响了我什么，只是我在阅读过他们之后，就没有再忘记这些人物。

托尔斯泰的《复活》《安娜·卡列尼娜》和《战争与和平》，三部小说我都看过两遍。《复活》中的玛丝洛娃在西伯利亚服刑期间，接触到了一批十二月党人，由此，也接触到了陪伴着他们的几位女性。这些出身俄罗斯贵族的美丽女性，抛下优裕的生活，在荒凉寒冷的西伯利亚，用爱情温暖着自己心爱的丈夫，直至饥寒交迫、贫病交加地死在冰雪覆盖的流放地。她们是我所知的女性中的典范。我一直想找《玛丽娅·沃尔康斯卡娅公爵夫人札记》这本书来看看，可惜始终没有找到。《安娜·卡列尼娜》给予我的是深深的惋惜。安娜·卡列尼娜生活在不是她应该生活的时代,她早生了一二百年时间,所以,她的悲剧是必然的。她即使生活在现代,恐怕她的生活也不是一帆风顺的,因为能够匹配她的人和时代都需要高标准。安德烈·博尔孔斯基公爵是《战争与和平》中我最欣赏的一个人物,他的高贵是在骨子里,丝毫不用去装的。这种高贵自然地流露在他的言行中,即使不言不行,也自有高贵的气质在他身上闪发着。由他,我真正见识了"高贵"。综合三部小说,我对托尔斯泰对祖国深沉的爱很是感佩。人们常说爱祖国,但常让人觉得空泛得很。可是阅读托尔斯泰的这三部小说,我能够时时感受到作者对祖国强烈的热爱之情,他笔下的俄罗斯大地、山川草木、花虫鸟兽,生机勃勃,有情有味。

岳南先生的《南渡北归》和齐邦媛先生的《巨流河》,我是先后连着看的。两套书的内容都是抗日战争中发生在中国大地上的事情,其中有很多部分讲知识分子和西南联大。两套书都给我史诗般的震撼,我看到了一代学人在民族危亡之时的铮铮铁骨,也看到了无数青年学生在民族危亡之时投笔从戎的浩然正气,看到了我们这个国家生生不息的民族精神。读它们,有一种和自己脚下的土地贴得更紧的感觉。我对祖国山河的熟悉和亲切的感觉,主要不是来自旅游,而是这两套书展现在我眼前的画卷。

自己教语文,所以也看语文方面的理论书籍,主要是浏览浏览,也不管看得懂还是看不懂,只要有一些帮助就行。阅读王荣生老师的《语文科课程论基础》,王尚文老师的《语感论》,李海林老师的《言语教学论》,是一段艰难的阅读旅程。这些书都属理论著作,专业性很强,虽然没有全然理解,但也让我对语文、语文教学更加有所了解,视域比不看之前有所宽广。像这样浏览过的书,有毕飞宇的《小说课》,曹文轩的《小说门》,徐岱的《小说叙事学》,王安忆的《故事和讲故事》,刘俐俐的《小说艺术十二章》,王先霈的《文学文本细读讲演录》等。自己看这些书,希望能够对自己的小说阅读、文学欣赏、文本解读有所帮助。

每个月有四本杂志是必读的:《语文学习》《中学语文教学》《语文教学通讯》《中学语文教学参考》。它们其实就是我最好的语文老师,因为它们教给我的东西最多,对我的帮助最大。在这里,我认识了全国各地的名师:于漪、钱梦龙、魏书生、宁鸿彬、黄厚江、王栋生、窦桂梅、王君、薛法根、周益民、余映潮、林忠港、肖培东等。在这里,我也阅读了数以百计的教学实录和教学设计,它们带给我惊喜,带给我启发，带给我教学的改变；在这里，我看到了全国各地老师们在语文教学领域里孜孜不倦地探索，凝结而成的智慧在这些杂志里群星闪烁，照亮语文课堂，朝着科学和艺术完美结合的道路前行。正是在这些杂志里，看到了曹刚老师的《课文可以这样读》，看到了肖培东老师的《我就想浅浅地教语文》，看到了詹丹老师的《语文教学与文本解读》，然后买回了这些书，一本本地读，学习着如何带学生在文本的语言里咬文嚼字，如何把文章前后内容联系起来揣摩作者这样写的意图，如何看出文本的独特之处来。这些无声的老师，每个月都带给我新的惊喜，给予我新的光亮，促进我新的思考。

《文汇报》和《解放日报》是办公室里的两份报纸，我也每天不落地浏览一下。《解放日报》经常会有文史哲类的文章，看看也挺涨知识的，还经常有科学类的文章，我会及时保存下来。《文汇报》有"笔会"栏目，这是我重点关注的版面，像小河丁丁、路明、张蛰、王蓉、李娟、唐吉慧、刘晓蕾、甫跃辉等作家，我都是在这里熟悉的，并把他们的文章一篇篇摘录下来。两份报纸给了我不少写作知识。

我的阅读也促成了我写阅读笔记。阅读促进思考，思考加深阅读。

日常生活中的阅读，给予我的知识、乐趣远远地超过了学校教育所给的，所以我和阅读结伴而行。

# 第二节　常积累

从这些年的教学成长来看,对我帮助最大的就是积累的资料,所以,我喜欢做积累的工作。磨刀不误砍柴工。

## 一、积累文本解读

好的文本解读带给读者的冲击力是很大的。一则小小的《咏雪》,从文言、文章、文学、文化的四面去看,会感受到鲜活的魏晋风貌。好的解读,真的能唤醒文字的活力,再现生活的现场,让生命鲜活起来,培育读者欣赏文本的智慧。

我喜欢把见到的好的文本解读积累起来,一方面供自己学习,增长自己文本阅读的经验;一方面帮助自己进行教学设计,能够更好地改进课堂的教学。

曹刚老师的文本解读立足于文本的语言,有严密的逻辑性。他总结初中阅读教学中文本解读的主要内容应该有四项:一是读懂"意思",即对字、词、句、段、篇的意义的把握,包括字面意思和深层含义;二是理解"作用",即语言在语境中运用所产生的意义及其表达效果;三是理清"关系",即梳理出文本语言之间的逻辑关联;四是把握"价值",即文本本身的特点和读者因不同的经验而形成的认识。

看詹丹老师的文本解读,如《在小说中理解小说——以〈劳山道士〉为例再论教学内容的深化》讲的是对《劳山道士》的理解;《阻隔与同在:论〈红楼梦〉人物交往的空间意味》论点一目了然;《生存的危机和转机——谈辛格小说〈山羊兹拉特〉的三个问题》紧扣"人与动物的生存危机及转化";《情感的节制和情节的空白——对〈礼拜二午睡时刻〉》的两点理解探究小说在情感与情节处理上的方法。詹丹老师的文本解读视野更为开阔,同时也更为专业。读这些,好像坐在学院里听詹丹老师上课,许多新的知识在空中播散,挺有意思的。

孙绍振老师在文本分析方面是专家,我看过不少他的文本分析。他在一篇文章中提出了文本分析入手的七个方面:第一,艺术感觉的"还原";第二,多种形式的比较;第三,情感逻辑的"还原";第四,价值的"还原";第五,历史的"还原"和比较;第六,流派的"还原"和比较;第七,风格的"还原"和比较。从这七个方面我们可以慢慢地去练习对文本的分析，在实践中提高自己的艺术趣味。

积累文本解读，常常翻翻，是一种不错的学习。积累中有一篇《人际功能视角下的文本解读——以〈最后一次演讲〉为例》，作者是南京第一中学的董晓强老师，谈的是《最后一次演讲》。从人际功能的角度出发来解读，有助于读者体会蕴含于字里行间的情感，理解文章是如何实现人际交往功能的。他分别阐述了语气系统、情态系统、人称系统三个方面，知识角度很新颖。有一篇《写急事用缓笔——〈周亚夫军细柳〉叙事艺术赏读》，作者是荆州市教育科学研究院的王佑军老师，谈的是《周亚夫军细柳》的叙事艺术赏读，读这样的文章，可以从写作技巧入手领略文章塑造人物之妙。

在积累中比较文本解读，找到最真切的方法，改进自己的课堂教学。《背影》的文本解读非常多，都是每一位作者的用心之作，从不同的角度给读者打开新的窗户。在众多的文本解读中，有一篇给予我眼目一亮之感，让我满心欢喜。那是上海市北蔡中学葛筱宁老师写的《"显出努力的样子"——〈背影〉解读》，作者首先直接点出父亲买橘子的"背影"，然后指出文中其他三次"背影"都与买橘子的"背影"发生关联，从而挑出这个句子：显出努力的样子。然后紧紧抓住"努力"这个核心词来分析父亲在全文中的许多"努力"；然后再勾连出文本的相关资料，印证父亲在关爱孩子方面是一直在"努力"的。最后作者总结："综上所述，'显出努力的样子'的'背影'是父亲人格力量的具体体现，它过滤了父亲缺点与过失的一面，让我们从另一个角度看到父亲那埋藏甚深的、作为一个父亲的责任与担当。《背影》就是在表达'我'从父亲面对艰难时'显出努力的样子'中逐步理解了父爱。父爱的平凡，在于努力；父爱的伟大，亦在于努力。"①由这样的文本解读，我的教学设计就可以聚焦"努力"来做文章了。从《背影》中父亲的"努力"，来看我们自己身边的亲人、朋友、同学等，是否也在"显出努力的样子"来呢。

## 二、积累教学设计、实录

一个老师个人的力量是非常有限的，善于积累，善于吸收，常常能够帮助自己把事情做得更好些，所以我一直会积累教学设计和教学实录，这些资料给了我很

---

① 葛筱宁."显出努力的样子"——《背影》解读[J].语文学习，2019(10)：44.

大的帮助,会常常启发我。

我在这里举几个教学设计的例子。

---

**举例 1:《邹忌讽齐王纳谏》**

(一)第 1、2 节围绕"邹忌讽齐王"的三个问题

① 邹忌为什么要"讽齐王"?

② 邹忌是如何"讽齐王"的?

③ 邹忌"讽齐王"的结果如何?

(二)第 3、4 节围绕"齐王纳谏"的三个问题

① 齐王为何要"纳谏"?

② 齐王是如何"纳谏"的?

③ 齐王"纳谏"的结果如何?

(三)由以上两个合成为下面的"撮词带面"的主问题链

① "讽"是什么意思?

② 邹忌为何要"讽"齐王?

③ 邹忌是如何"讽"齐王的?

④ 邹忌"讽"齐王的结果如何?

⑤ 邹忌是一个怎样的人?

**举例 2:《桃花源记》**

① 渔人"异"的是什么?

② 渔人"异"的具体表现是什么?

③ 表现桃花源自然环境、居民生活和神秘消失的"异"是哪些?

---

再举一例教学实录:

---

《公输》教学实录(上海市中青年教师教学评比活动一等奖)

片段:

研读第 1 自然段,感悟墨子兼爱、非攻的思想。

师:好。联系第 1 自然段,比较墨子所做的与公输盘所说的,你感受到了什么?谁来说说看?

生:从墨子"行十日十夜"可以看出墨子崇尚仁义是表现在行动上,而公输盘"吾义固不杀人"只是停留在嘴上。

师:你把两个人物进行了比较。文中写"行十日十夜",为什么要强调"十日"呢?

生:"十日"说明路途遥远,耗时很长。

师:文中已写"行十日",为什么还要加上"十夜"?

生:"行十日十夜"说明他一直在走,走得很急,因为前文说,"公输盘为楚造云梯之械,成,将以攻宋",这个"将"字说明,战争迫在眉睫,百姓危在旦夕,他没有睡觉,他走得很急,为救宋国百姓,不辞辛劳。

师:好。"行十日十夜"足见墨子心系宋国百姓之安危,不辞辛劳,日夜兼程。后人所说的"墨突不黔","墨子无暖席",正是反映了这种精神境界。但老师在读文章的时候,也思考到了一个问题,写了"十日""十夜",为什么还要强调一个"行"字?

生:可以看出墨子当时的经济条件不是很好,只能通过走路这种方式到达楚国。

师:你体会到"行"的意思是走路,说明墨子的身份是平民。很好,若将他的身份与所做的事情相联系,你又体会到了什么?

生:墨子只是一介平民,但能担负起阻止战争的责任,很了不起。

师:这种精神境界真让人感到了不得!同学们要注意,好的作品,惜墨如金。所以我们在阅读文本的时候,对语言文字的咀嚼要细一点,"十日""十日十夜""行十日十夜",我们一字一字地咀嚼,联系上下文,再跟公输盘的言行进行比较,就可以看出墨子这人了不起!老师还想问一下,你们读文章时,注意到一个细节没有?把"行十日十夜"和"起于齐"联系起来,你有点启发吗?写文章的人为什么还要强调他是从齐国出发的呢?

生:我觉得,这就是说明,楚国攻打宋国,跟墨子没有关系,没有伤害到墨子的利益。但是他为宋国人着想，所以从齐国出发，到楚国去，劝说公输盘和楚王。他这样做是无私的。

师：讲得很好啊。有没有补充的？

生：这场战争是不会关系到墨子自己的利益的，但是他能为其他国家的百姓着想，能看出他的爱是博大的。

师：讲得好。这两位同学读文章读得很细，而且很善于思考。从"起于齐"三个字的背后能感受到墨子的思想境界，这种境界叫什么呢？可能同学们还不能用一个词来概括。这个词，浓缩了墨家的一个主要思想——兼爱。什么意思？知道吗？

生：就是所有东西都要爱。

师：还不够准确。

生：就是要平等地爱天下所有的百姓。

师：你的发言中"平等"这个词用得很好。关键在于对"兼"字的理解。"兼"这个字，它原来的古代字形是这样的：这是一根禾苗，这是第二根禾苗，这是一只手。"兼"的原义是，一只手握着两根禾苗，引申为整体的、平等的、没有差别的。兼爱就是一种普遍的、平等的爱，它并不因为血缘关系有亲疏远近之分，也不因为人的身份有高低贵贱之分，是没有功利心的，是真正的大爱！而这种爱表现在具体的行为上，就是非攻。兼爱和非功是墨家的主要思想。通过这篇课文，通过"起于齐，行十日十夜"我们能够咀嚼出来。一段看似平淡的叙述语言，如果细细地咀嚼，结合墨子的人物身份，并且和公输盘一作比较，我们就能真切地感受到墨子的精神界是那么高！我们来读一读第1自然段。

这样的教学实录片段积累着，就像身处芝兰之室，久而久之，自然受到熏陶。


## 三、积累重点论文

我经常看的四本语文专业教学杂志上，会有高价值的论文，这些论文既有理论方面的,又有来自第一线教师的富有实践意义的,对于我是极为可贵的学习资料。通过几年的摸索之后,我有了自己认为可行而实用的积累方法。

第一步是把这些资料复印下来,可以按门类加以装订成册。比如"统编教材的单元设计""文本解读的理论和方法"等。

第二步是在准备好的一本"目录"上,按次序(时间顺序)写下论文的题目和关键句,后面标注此文复印装订在哪一册资料上。

举例三则:

---

**第一则:王林老师的《语文活动课病状例析》摘要**

① 对语文学科与其他学科的性质区分不清,致使语文活动课失去"语文性"。

② 过度强调学生的自主性,教师指导的缺席使得教学处于散漫状态。

③ 语文活动课缺少探究的过程,学生没有新的体验和认识。

④ 语文活动课缺少问题的引导,教学目标指向不明确。


**第二则:赵志伟老师写的《回归古诗词学习的正道——再谈中学生古诗词鉴赏问题》摘要**

他说恢复传统古诗词的学习方法:小学初中读读背背,重点在记忆背诵,背得越多越好。在不懂基本格律时,让初中生鉴赏古诗词是天方夜谭。

高中方面:

① 把作者和诗作背景交代清楚,即知人论事。

② 就诗论诗,把一首诗讲清楚,简洁明了,然后引入同类作品扩大学生眼界,教师自己也可以充实一下。

③ 最根本的是要培养高中生对古诗词的兴趣。


**第三则:**

程少堂老师的课,是有灵魂和精神的课,是生命勃发的课,这是真正

---

昂扬着儒家精神的课。

　　他的课堂,都有一个主题,这个主题,让课堂精神气丰沛。

　　如教《虽有嘉肴》,主题为"一段风华几千年";

　　《人民英雄纪念碑》的主题为"在'反英雄'的时代呼唤英雄";

　　《论语》的主题"孔子死了,他还活着";

　　《沁园春·雪》的主题为"毛泽东的文化魅力"与"英雄悲剧"。

## 四、积累书报文章

　　报纸上的文章,常给人期待之外的欣喜,所以,凡经过手头的各种报纸,我都会浏览一番,也许上面有好东西,错过了会十分可惜。有时候,错过了,就再也不会碰到了。

　　《中国诗词大会》命题组专家谢琰写的《欣赏古典诗词的六种方法》一文,我是在微信上看到的,读后,觉得好好地上了一课,给了我读诗的新知识、新方法。

　　六种方法分别是:咬文嚼字,结构分析,对比联想,知人论世,文化拓展,诗词吟唱。

　　这种文章确实需要过一段时间再来读一遍的,这样才能融进自己的知识结构中,从而帮助自己去好好地解读诗歌。

　　《孔子为何最为赞赏颜回》是我在报纸上看到的一篇小文章,作者是中国社会科学院历史研究所的杨博先生。这样的短文给了我一次小小的震撼,人的道德生长也需要阳光雨露,而有些偶然读到的文章就是阳光、是雨露。文章的结尾是这样议论的:"困厄中仍能秉持道义,一般人难以做到,但颜回做到了。这也就是为什么孔子最为赞赏颜回的缘故所在——小节不由纵,大德必不逾。"

　　在《文汇报》"笔会"栏目上看到一篇闫红写的《迷人的曹操》,感觉挺有意思的,就把它积累下来。曹操有很多人谈过,都没有给我很大的感触。但这一篇不同,作者从行走亳州地下运兵道开始生发对曹操的种种想法,并形成一段至关重要的议论:"他直面欲望,想要建功立业,他不说虚伪的门面话,能够坦然面对失败。他广受非议的'心机',在现代社会也逐渐变成一个中性词。在这世间,谁都不是白莲花,名利场上怎么可能有傻白甜?曹操的真性情因此更拉好感,形象反转也就不足为奇了。"曹操这样一个性情丰富的人物,让我产生诸多好感。

《流浪地球》在各大影院热播的时候,"笔会"上发表了陈沐的《那些无处安放的情感,终被收容于〈流浪地球〉》,就像当年《刺客聂隐娘》热播的时候,《文汇报》上有电影评论者写了有关这部电影的评论一样,帮助我较好地理解了影片。第一份情感是"天下兴亡,匹夫有责""苟利国家生死以,岂因祸福避趋之",原来这些古老的言辞和精神,一直都在我们年轻人的基因里,时机一到,就会自动被点燃和复活。作者说,感谢大刘,我们终于有了属于青年人的新的精神燃料。第二份情感是成年后的父子关系。在我国父爱始终是如山般沉默,但这部电影,恰恰就提供了这样一个大胆说出"儿子,你爸爸我,是个英雄!我爱你"的壮丽仪式。第三份情感是迁移故土。"在感官最为敏锐、记忆最为深刻、也最无所事事的人生前30年,我所熟悉的那些老房子以及周围的河流、树木、邻居"所给予我的故乡情。

我喜欢翻阅各种写得有趣的文章,我觉得语文是无处不在的;看电视,看电影,也是语文学习。

# 第三节　勤写作

在这些年的教学生活中,由于教学工作本身的原因,自己经常会写些文本解读和作文指导,都不属于理论方面,只是用于自己的教学实践。关于这两个,前面都有章节专门写道,这里不赘述了,下面谈谈语文教师在科研论文和随笔方面。

## 一、写科研论文

一开始写教学方面的文章,就是从写科研论文开始的。2003年,我工作的学校开始重视科研论文,主要是德育方面的。我是班主任,按任务要求,须写德育科研论文。第一篇在区内获奖的论文是《谁来出黑板报》,这是一个起步。随后就开始阅读各类教育教学的杂志,做笔记,积累各类素材。接下来写的《关注学生成长的美好细节》在区和市里都获得了等第奖,这带给我兴奋和自信,增强了写科研论文的自信力。

在2004年和2005年的两年时间里我连续做了两个课题,《初中语文教学中学生做学案,培养学生自主学习能力的研究》和《农村乡镇初中生厌学现状的调查分析及对策研究》,论文都获得了区教育科研课题类成果三等奖。通过这样的练习,我对科研渐渐地熟悉起来,写科研论文也相应地规范起来。在此后的岁月里,我成了学校科研论文的获奖专业户,并应《闵行教育》之邀写下随笔《科研伴我成长,促我进步》,发表于2006年第1期。

这些年中,论文《开展学法指导,提高学生的学习能力》获区第三届教育科研论文一等奖;《善作文,须重积累》获上海市首届写作教学峰会优秀论文二等奖;《初中语文阅读教学中学生想象能力的培养途径研究》获区第十四届教育科研课题类成果评选一等奖;《初中语文表达性阅读教学的实践研究》获区十七届教育科研课题类成果评选一等奖;《模仿,打下作文的规矩》荣获2010年华东地区写作论文比赛二等奖;《语感训练扎根于语文课堂》获闵行区第七届教育科研论文评选一等奖。

寒暑假期间的大部分时间,我是在阅读、整理资料和撰写论文中度过的,生活似乎变得很简单,但日子似乎也是实实在在的。经历中,我的感受是:只要愿意去读,愿意去写,总能够把自己写出一点水平和能力来的。

## 二、写教学随笔

一个教师,自然会常常想着自己课堂教学中所经历的种种,每天的课堂教学都是预设和生成的相碰相撞,是经验的磨炼、思考的验证、智慧的闪耀、预想的落空、推进的艰难……这些种种,都会留在课后的感觉里,让人不得不去反思并记下些东西来。我每年都开一个文档"某某年教学随笔"。下面摘录二则:

---

**第一则:文章考究处·炼字炼句处(小说教学)**

1. 文章考究处

在《生命的舞蹈》中,作者由一种形式的舞蹈联想到另一种形式的舞蹈再联想到人类的生命史,由此作者深刻地阐述了这样的一个观点:生命的本质就是舞蹈,就是生活的激情,就是自强不息的精神,就是蓬勃的生命力。

两次联想,这就是文章的考究处。

再如《"诺曼底"号遇难记》,课文前半部分写"雾中航行"的内容,作者写得比较详细,它的作用是什么,跟后文有哪些关系? 这就是文章的考究处。前面部分不仅仅是为撞船伏笔,而且是为哈尔威船长成为英雄提供了足够的依据。这就是文章内部的逻辑,也就是需要我们考究的地方。

2. 炼字炼句处

《七根火柴》中刻画无名战士的几处文字,需要好好咀嚼用词的准确传神,如"翕动了好几下",表明什么? 如"一,二,三,四……"为什么用逗号,而不用顿号? 这就是需要咀嚼的地方,因为里面包含着丰富的人物心理活动和情感活动,需要挖掘出来。这就是炼字炼句处。

---

**第二则：《藕与莼菜》教学随笔**

进入不懂的环节，就是提问释疑环节。

两个问题：

① 文章中为什么要用大量的文字写到家乡的人？

② 文章中为什么要详写藕而略写莼菜？

小组讨论交流：

第一个问题，文章共有三处文字写到故乡的人，我们一处一处来研读，看看作者写了什么，想要表达什么？

读第一处文字，作者想要强调或者表达什么？ 故乡劳动者的健康美。

读第二处文字，作者想要强调或者表达什么？ 故乡劳动者的心灵美和勤劳美。

读第三处文字，作者想要强调或者表达什么？ 故乡劳动者的质朴美。

追问：作者写这样的劳动者，他们和故乡的藕之间有着怎样的关系呢？

美创造了美，一方水土养一方人，一方人也养育了一方水土。这样的人和这样的物让作者常常牵念着故乡，正如作者所说，所恋在哪里，哪里就是故乡了。

第二个问题，文章为什么要详写藕而略写莼菜？

有一个学生举手，他说："我不知道这样想对不对？"这是我在教这个班级一年多一个月的时间里，第一次听到。我说："科学就是大胆假设，小心求证，你尽管说。"

他说："有二点，一个是跟课文的题目有关，因为题目是'藕与莼菜'，所以藕要详写，而莼菜要略写；第二个，因为是在吃藕的过程中想起莼菜来的，所以藕是主要写的，莼菜是顺带着写。"

我表扬了这个孩子的动脑，这不能说一点因素都没有，肯定也牵连着，但还有更为主要的原因。学生们就是卡在这里，不能拓宽思考的空间和角度。

我问:"假设要详写莼菜,那么作者要写些什么呢?大家不妨猜猜。"

这个启发还是有用的。学生说:"可能也要像写藕一样了,写勤劳的劳动者、洗莼菜的人、买莼菜的人。既然这样,就不必要重复了(这两个都是水生植物,有着共同的特点)。"

体会文章写法的简洁。

最后我们一起读读文章的最后部分,看看作者是怎样表达自己的感情的。

这堂课给我的印象深,因为课堂上学生站在前台,一直是课堂的中心,是他们在发现,他们在交流,他们在研读文章。特别是发现部分,以往我们总是担心学生不知道,要这里指出,那是告知;现在,是他们自己在读出。这就表明,教学中,学生是可以读懂一部分的,我们就应该放手,让学生交流他们读懂的部分。

课堂是可以让学生教学生的。有些学生先知,可以通过交流,教给后知的学生,最后达到班级的全知。这个也是课堂中学生的相互学习,也是一种教学方式。

在学生已经有所认识的基础上探究问题,形成课堂上的一个学习难点或者重点,然后组织学生深入探讨,寻求问题的解决,在这个过程中提升学生的阅读理解能力。如上文第二则中后面两个问题的提出并解决,就是采用这样的方式。

这堂课能够形成现在这样的一个格局,一跟老师的前期培养和训练分不开,二跟老师的放手理解在教学上的贯彻分不开,三跟老师课前对这堂课要学习什么的教学目标和教学内容的思考分不开,四跟老师在本堂课上所拥有的组织和支持的教学智慧分不开。

## 三、写生活随笔

有时候,生活中的事情会触发我一点情思,引发我一些联想,我就会有一种要写下来的心向。这时候,就给自己一点压力,把这种情思、联想写下来,作为一种语言文字的练习,也作为一种思想情感的练习,也想把它培养成为一种生活的趣味。

这里就附录一篇我的生活随笔,我自己把它作为练笔来用,也发表在自己生活的地方性报纸上。

## 童 年 的 河 流

我已经很久很久没有在河流中游泳了,最后一次的记忆距今已有十二三年了。那条河,名字叫大治河,我记得自己在它身体里游泳的感觉。盛夏的傍晚,做好晚饭之后,我和儿子一起来到大治河北岸。我们到的时候,已有不少人在河里翻腾起伏。大治河是一条宽阔的人工河,西起黄浦江,东至东海。河水缓缓流淌,人在其中,感觉像一杯叶子,飘落其间。仰躺在水面上,目观蓝天白云,顿感天地之间,唯我悠然。恍然间,童年的河水在身体下哗哗地流过。

每一个乡村的孩子都有自己的河流史。他们在土地上长大,也在河流里长大。

母亲讲述过一个令我不寒而栗的故事。说我很小的时候,应该是大冬天,哥哥和几个年龄稍大点的男孩在老家屋前的河浜里玩小木船。这种小木船在冬天里总是漂在河面上,像一只水鸭子一样蹲在那里,仿佛轻轻地召唤着好奇的孩子们,无形的手牵动着人要跨脚迈上去。哥哥就这样和几个孩子上去了,在水的世界里实践着自己成人的梦想。妈妈说,大概我也有兴趣,巴巴的眼神让哥哥不得不放我到船上。但结果是我躺在了水面上,大孩子们很害怕,跑回家大叫我掉水里了。大人们拿着竹竿之类的来捞我。好在是冬天,我穿着厚厚的棉衣棉裤,整个人像一条迷你小船,漂浮在清亮的河面上,那个我可能睁着眼睛欣赏着天空的澄碧,探究着白云的流动。后来几次听母亲讲这件事情,听后我都寒颤颤的,原来我在很小的时候就经历了一场生死劫,而我还惘然无知。可是,这一点也没影响我童年的每一个夏日在河水里折腾一二个小时。也许,像我们这样从小在农村长大的人,河流都把有惊无险的往事烙印在我们的记忆里,昭示它们曾经存在的身影。

我最愿意亲近的河流是我家东边的一条小河,这条小河紧靠小村庄的一段是南北流向,然后由南向东转个弯儿,和东面流过来的一条小河汇合后继续向南流去,最后汇入金汇河道,流入黄浦江。这条河,春天茭白和芦苇丛生,夏天它们枝叶繁茂,几乎覆盖了整个河床。春末的时候,我们常常赤了脚,挽高裤腿,闯入其间,扳下一只只白白胖胖的茭白带回家做菜吃。夏天,那里是我们孩子们的乐园。夏日的中午,暑气蒸腾,大人们在树荫下乘凉午休,我们这些孩子常常就溜进小河里,在茭白、芦苇和河水中喧喧闹闹地度过一两个小时。有时由于快乐过了头,在大人们下地劳动的时候我们还没有上岸,大人们叫骂着把我们撵上岸,鸡飞狗跳地骂打一顿。跟大人们承诺"以后再也不去了"之后,才算了事。

　　河流在我的童年无疑是个宝藏,摸蚌壳、抓鱼蟹是我们常做的事情。那时候我常常和哥哥一起,在夏日的下午,腰里扎着一个带子,一头系在一个大木水桶的把手上,戴着一顶大草帽,从紧贴家门口的那条小河下去,沿着它的流向,一直要摸到这条河与金汇港汇合的地方。整个河曲里拐弯长达两千米,历时三个半小时。其间,经常会看到一二个戴草帽的老头也像我们一样蹲在河里摸宝贝,有时会看到一个中年妇女挽着裤腿在河边摸螺蛳。反正,在我的记忆里,夏天的河里总是有人在劳动的。我们回去的路上,骄阳似火,却并不感到热。大木水桶里有两三条鱼,尼龙丝网袋里有四五只螃蟹,十多只草虾还在桶里调皮地蹦跳,最多的就是河蚌和螺蛳。我们仿佛能看到父母自豪和快乐的笑容,我们的脸上显露着一副战场凯旋而归的英雄气。

　　印象最深的一次是,有一回哥哥玩疯了,忘了回家烧午饭,等父母从田里归来,发现吃不上午饭,于是就狠狠地训斥我们。我们都不知道怎么办才能消除大人的火气,只好傻傻地立着,哥哥却一溜烟地跑了。等我们吃过饭后去找他时,他水淋淋地回来了,还提着一个大网兜,里面全是大螃蟹,有二十多只。这时我看到父母露出了笑容,商量着把它们提到街上去卖。哥哥用自己的劳动化去了父母心中的怒气。我的哥哥总是比我们能干。冬天里,寒风凛冽的晨昏,他总是拿着一个有着长长竹竿的钉耙去宽阔的金汇河里打捞柴草;每一个季节里,他都会和几个伙伴去"拷河浜"，从河水里为我们家挣得鲜美的菜肴。

回想自己长大的历程，似乎总是响着河水哗哗流淌的声音。

童年家乡的河流，给了我太多的记忆。现在我常常回到那里，然而熟悉的河流一条也找不到了，他们都从大地上消逝了，曾经在它们怀抱里的水也都浪迹天涯了吧。站在家乡的土地上，我其实很想念它们。如果它们童话般地出现在我的眼前，我想，我会情不自禁地走进你们，畅游一番的。童年，和消逝的河流一起只能在记忆里哗哗地流。

## 第四节　活课堂

做了一个教师,而且把这份工作当成了自己的事业,心里面就会时常想着课堂,希望自己的课堂能够活、趣、实。所以,一个教师的日常生活往往和课堂相关相连。

### 一、反复思考,精心设计

课堂教学是老师的主体事件,学生的学习也主要发生在课堂上。知道自己学识不高,水平有限,能力也不强,课堂教学常常不尽如人意,但自己还是给自己一个要求:没有认真思考过的文章,不拿到课堂上去;凡是课堂上上过的,都是自己思考过的。拿到一册教材,自己会把整个教材通读一遍,做到对教材有一个大致的整体了解,心中好有一个粗略的策划,对教材中所有选文的题目也做个了解,这样方便时就可以想想了。

史铁生《秋天的怀念》,我很喜欢,三次修改教学过程。

---

**第一稿教学过程**

(一)读课文,落实字词

(二)复述课文,了解内容

(三)读自己喜欢的段落,说说理由

(四)围绕"好好儿活"理解母亲

(五)理解最后一节并归纳总结


**第二稿教学过程**

(一)读课文,落实字词

(二)围绕"看花"梳理内容

(三)瘫痪后"我"是什么心态

---

（四）照料"我"的母亲是怎样的人

（五）"我们"都要"好好儿活"

随着环节和用词的改变，每一个环节里的教学内容、方法和活动设计都相应做了改变。历经数年，前后反反复复地修改，形成了第三稿：

**第三稿教学过程**

（一）针对课题提出问题

（二）品味语言——看当年的"我"

（三）品味语言——看当年的"母亲"

（四）品味语言——看现在的"我"

（五）理解"秋天的怀念"中的"秋天"

随着自己对文本解读的不断深入，以及对外界老师们的文本理解和关于《秋天的怀念》的教学的了解，这样的教学设计有着继续往前走的可能，甚至有推翻重构的可能。因为教学之路是无止境的。

反复思考、精心设计、是与自己的日常生活融合在一起的。《银河补习班》里的马旭文告诉儿子马飞说：你要不断地想，反反复复地想，总会想出些什么来的。说得很有道理。一篇课文的教学设计，放在自己的脑袋里，只要不断地想，持之以恒地想，总会冒出一些崭新的想法，出其不意的构思来。北京著名数学特级教师华应龙说他自己就是一个不断想的人，而且往往都是在夜里睡觉时想的。夜深人静，黑暗可能最能给人寻找光明的力量。华老师很多数学课上的奇思妙想都来自夜睡中的偶然想到，然后他就随手记在床头柜的小纸片上。他说，晚上这样的记记睡睡是常态。于漪老师说她走路、乘车、吃饭等都会想着如何上课的事。我向他们学习一点皮毛，也在日常生活中常常地想着文章该如何上、活动该如何设计。教王安石的《书湖阴先生壁》时，常常想怎样让诗歌的二十八个字转化成立体的鲜活的生活场景，让学生真切地体验感受到，从而走进湖阴先生的生活环境里，去认识一个鲜活的人。有一天我终于想到了，"花木"可以让学生联系自己当下生活来想象一下湖阴先生会种哪些花木；还有"将绿绕"的"绿"字，可以让学生们联系自己生活中看到的农田，想象诗歌中的"绿"会有哪些庄稼。果然课堂上取得了出色的效果，学生很自然地走进了宋朝的湖阴先生居住的环境里，感受到他不一样的生活情趣。

很多课上的点子，大多不是在上班时间里想到的，往往是自己上班以外的日常生活中，特别是临起床前的一二个小时里想到的。自己很多文章的构思也往往在这样的时间里得到。所以，在我看来，课堂的"活"来自课外反复的"思"。

## 二、巧设问题，激发思考

课堂之活，在于激发学生的思维。爱学生不是一句空话，而是通过激发学生的学习内驱力，让他们积极地投入到课堂中去，这爱才真正有所依凭。课堂艺术的一个重要方面就是提问艺术。为了一个有思维含量的问题，自己往往要投入大量的时间去想。用一生来备好一堂课，这句话我是相信的，因为提问艺术就是一个精益求精的历程。

《岳阳楼记》的问题是：范仲淹只是看了滕子京寄过来的一幅岳阳楼的图画，为什么他的文章会写得这么深情？

《小石潭记》的问题是：同样的小石潭，为什么作者的感受前后不一样？

《最后一课》的问题是：小弗朗士的心情变化图该如何画？

《植树的牧羊人》的问题是：布菲三十多年来在荒山种树的毅力来自哪里？

我相信，思维含量高又有趣味的问题，是永远存在的，只是因为自己不去想，所以它们始终在遥远的地方游荡。当自己用心去想，时时去想的时候，它们就姗姗而来，逐渐地靠近自己。如果想的功夫到了，好的问题就豁然地呈现在你的面前，给你一个莫大的奖励。

活的课堂，其问题有许多来自学生。因为活，所以激发了学生的思维，在他们的脑海中产生了问题，而问题又进一步激活了他们的思维，课堂成为了思考、思维的运动场。

我们来看看学生读课文时产生的问题和对问题的探索：

动作描写：文中曾四次提到船长站在某个点上，"船长站在舰桥上"与"船长站在指挥台上"，"巍然屹立在他的船长岗位上""船长屹立在舰桥上"。前两句与后两句给人以完全不同的感受，一个是"站"，一个是"屹立"。从美术视角上说过平视与仰视，平视平易近人，亲和力强；而仰视却给人一种居高临下、伟大、崇高的感觉。显然，在船长决心要让所有人都逃出去时，他在人们心中的地位就变得崇高、居高临下了起来。作者十分会抓住人们的内心感受。

2016 郁同学——我读《"诺曼底"号遇难记》

对比：① "小心翼翼""缓缓行驶的""诺曼底"号与"在一片浪花中飞驶过来"的"玛丽"号的对比；② "失魂落魄"的乘客和"镇定自若"的船长的对比；③ 刚开始的混乱场面与随后救援工作的"井然有序"的对比。这些都形成了鲜明的对比，第一处体现了哈尔威船长的小心谨慎；第二处反衬出船长的临危不乱和沉着冷静。

2016 唐同学——我读《"诺曼底"号遇难记》

关于课堂上的提问，我在第五章里有详细的论述，所以这里算是做一点简单补充。一个老师的日常生活很多时候好像是围绕课堂在转的。

## 三、情境化，体验化

课堂的活来自学生积极主动地投入学习中，这往往取决于课堂的气氛。要建设有利于学生学习的课堂气氛，学习活动的情境化和体验化，是两个很重要的因素。

语文课堂的情境化，并不在于声、光、电的技术运用，而应该紧贴文本的语言文字，利用文本自身的元素来营造情境。

比如，体会《狼牙山五壮士》中"夺过手榴弹插在腰间，猛地举起一块磨盘大的石头，大声喊道：'同志们！用石头砸！'"的表达效果，这完全可以让学生们站起来，做"夺过""插""举起""砸""喊"这些动作，边做边朗读，学生完全投入到情境之中，把战士的英勇无畏和对日寇的仇恨完全演绎出来。这在我看来就是情境化和体验化所营造出的课堂学习的活。

很多课文中的细节描写，大多可以运用这样的方式来演读，把课堂、文本和学生融合在一个现场感强的情境之中，可以让学生更好地感受语言文字和体验其表达的效果。

如教学《书湖阴先生壁》一诗时，"花木成畦手自栽"，如何让学生体会到湖阴先生高雅的生活趣味，而不是空洞地说一些套语？于是就让学生结合自己的生活实际，说说"花木"到底有哪些花木。同学们说开了，什么梅兰竹菊啊，以表达主人高洁的品性；什么松树柏树啊，以表达自己坚贞的性情；什么柳树杨树梨树桃树啊，以表达自己对生活的热爱等。这样就把符号化的"花木"演绎为欣欣向荣的园林，浓郁的生活气息扑面而来。诗歌被还原为生活，在这样的联想和想象中，湖阴先生成为了一个可亲可爱的志趣高雅的人。

体验化的重要一点就是让学生在课堂学习中体验到成功。教学《桥》，对于我们这类郊区学校的六年级学生来说，实际上困难是很大的。学生们默写十个词语往往要错五六个，有的甚至错了七八个。他们虽然读了五年书，但很多学生读一个句子，大多是疙疙瘩瘩，很难顺畅地读下来。怎么办？课堂学习就要尽量贴近学生，让他们获得成功的喜悦感。《桥》中写到村民们看到老支书前后的变化，课堂上就指导学生们把这两者前后联系起来看，讲清人们前是怎样的表现，后是怎样的表现，这样的前后形成鲜明对比，这种对比是用来衬托老支书在村民心中的崇高威望的。通过前前后后的多次导读，学生最后完成了借助联系思维获得对人物的正确理解。看他们脸上的笑意，老师能够感受到他们学习的成功感。

课堂上种种情境化、体验化的活动，其实都跟老师把课堂教学日常化，融入生活中的工作方式紧密相关。只有在日常生活中不断地去思考，才会有情境化、体验化的点子、设想、方案的产生。

## 四、欣赏激励

课堂的活，必然是生命的鲜活。坐在教室里的一个个学生，都是朝气蓬勃的儿童少年，他们精力旺盛，充满好奇。授课老师的一个重要职责就是呵护和激励他们，让他们的情感、思想和精神不断得到滋养并充满活力。老师的欣赏就是这种呵护和激励。

欣赏和激励源于老师用发展的眼光看待学生。江山代有人才出，长江后浪推前浪。我一直认为，坐在下面的学生，在目前的老师看来，有着种种的不尽如人意之处。这种情况，我总是会想到自己。当年自己也是像这帮孩子似的坐在教室里听老师上课，我的老师也经常感叹当时我们这些做学生的孩子是如何让老师们不满意。现在，我自然有一份自信，在语文教学方面应该超过了当年教我的不少语文老师。每一次想到这个，就让自己多一次清醒和坚定：自己眼中的这帮孩子应该有很多学生会超越老师，他们会发展得更加好，走向更高处、更远处。所以，我也经常跟他们说：好好努力，你会遇见更美好的自己。

曾经有一个读大学的学生给我来信，说自己学习自信心的获得来自老师的一次表扬。这个女学生，我教她一年。我记得在语文课上，因为她的一次朗读，我热情地表扬了她，全班学生都为她鼓掌。正是这次表扬，让她充满了欢喜，仿佛一道阳光闪过心灵，让她对自己有了新的发现，好像看到了一个不一样的自己似的。由此，她的学习开始了有向前的动力。她在信里跟我讲的这件小事，从此之后，就生根在我的记忆里，像一个路标一样地时常提醒我。

欣赏激励学生是有分寸的，不是搞零售批发，而是结合学生在课堂上的表现，在作业中的态度等顺势而发。最重要的是要能看出学生言行背后的心向来，把这种学生都没感觉到的心向放大了给他们看到，原来在自己的内心深处有这样一种能力存在，将来发展壮大了，定会蔚为壮观的。

欣赏激励学生，让他们重新看到自己。我会给学生写一篇短文，在班级里读给他们听，也会发表在某份报纸上，产生的效果是巨大的。

下列两篇短文就是我为两个孩子写的，也发表在报纸上，他们看到了，很激动，家长也很激动，起到了非常好的激励效果。

## 平凡的小英雄——张天利

2016 年 9 月,学校第 13 届运动会闭幕式上,政教主任蒋老师在总结时说道,初一(1)班的张天利同学的文明行为深深感动了她。我站在初一(1)班两排队伍的后面,秋日的阳光在蓝色天空下,明媚而温暖,洒在绿茵草地上七八百位浦江三中学子的身上。蒋老师的表扬声洪亮而清脆:"张天利同学在走过学校的过道时,看到地上撒落的废纸,他弯下腰拾起。虽然在他之前,这张纸已经看到许许多多的学生经过了,但是只有遇到张天利,它才幸运地回到了垃圾箱里,和这张废纸拥有同样幸福感的还有一路上好几张的零食纸张。我们的张天利就这样默默地做着,似乎什么事情也没有发生一样。道路整洁了,垃圾回家了。一切都风轻云淡。"

以前曾经读过一篇《脚底上的修养》,说的是一个搬水工人在一个雨天搬水进阅览室的时候,在脚上套了一个鞋套。这个微不足道的细节,让人感叹素养是怎么一回事。我们常常说文明素养,口头上说说是多么容易,但真正要做到又是多么艰难。然而今天,当蒋老师把张天利所做的事情在广播里说出时,我为这个孩子感到骄傲,他的素养不是口头说的,而是真正做的,而且是自然而然地做的。这样的孩子,我们也可以想象他所生长的环境,一方水土养一方人。

因为感动,所以我把这个孩子和他的事情,记下来作为班级的一个故事。我之所以把他称为小英雄,在我看来,所有的英雄都是在平凡的日子里做着自己应该做的事,可以做的事,能够做的事。当某个特殊时刻到来的时候,他们就站出来成为让人敬仰的英雄。

## 一个女生——郁雨璇

"曹老师,我汇报一个事情,就是我临走之前,看见王同学桌子底下有许多被撕碎的门票,扔在了地上。"2016年9月23日微信。

我看着微信上郁雨璇的话,有一种吃饭吃到小石子的感觉。下午教室里的一幕还在眼前:王同学来办公室告诉我票还缺8张,我挺纠结的。我们已经没有多余的票了。但那些没有拿到票的同学该如何呢?我走进教室问同学们:"谁不打算去看的话,就把票给要去看的同学吧。"有一个学生把票给了我。我扬扬了手中的票说:"这张票谁要呢?"可是没有人表示要。有人说就把它变钱吧。"好啊,"我说,"我明天晚上去玫瑰园低价卖给他人当班费。"同学们哈哈笑了。"老师,给我吧,我去挣班费。"郁雨璇笑着看着我说,看她的神情,我确信她说的完全是真的,是值得信任的,于是就把手中的票递给了她说:"其他同学如果不准备去看的话,请把票给她,为我们挣班费吧。"但是好久都没有人反应。后来我也就回了办公室,这件事也就结束了。想不到晚上却看到了郁雨璇的话。

教室里那一堆撕碎的纸片零乱地呈现在我的眼前,逐渐地拼接成一个怪异的鬼脸,在黑暗里嗤嗤地发着冷笑。

我要感谢郁雨璇,她让我面对初一(1)班的现实,不在自己臆造的少年纯真的梦想中春暖花开。初一(1)班,现在依然是一个乍暖还寒的早春。郁雨璇的话,既让我寒冷又让我温暖,寒冷是因为碎片,温暖是因为这个女生,因为她的正直。

文章写到这里,我忽然想起微信上我曾经还读到过她发的一条信息,于是翻出来:

希望各位家长提醒孩子,明天带来一张照片(有自己孩子出镜),用于教室布置,谢谢配合。(2016年9月13日微信)

这是她作为一个副班长,教室布置的主要策划者告示给所有同学的,是晚上七点半左右发的。那段时间,同学们应该都在做回家作业,而她牵记这件事。那天晚上我读到这条信息,内心不禁高兴:一个负责的班干部。

我现在能够清楚地看到她表里如一的微笑,好几次我从办公室路过教室,看到郁雨璇在班级前面讲着什么,有时是总结,有时是提示,有时是布置,有时是管理……我确实感到欣慰。这是一个正直的女生,她的身上有我们所需要的正能量。我希望,这种正直能够成为我们班级的一种品质,成为我们阳光少年真正的光芒。

# 后记

做教师的这些年,自己虽然写了一些教学类文章,但要系统化为一本书,还是让我产生了天方夜谭的感觉。在学校向小成校长的鼓励和要求之下,我硬着头皮去做这件事。因为,我总想着,这是不大可能做成的事情。

苦思冥想了好长时间,最后把多年来的各类文章汇编在一起,就像一本资料总集,觉得成书这件事真做不成。后来向校长介绍了上海教育科学研究院杨四耕教授,在杨教授的梳理、点拨、规划下,我仿佛看到了一点希望,但还是对这件事能否做成心存疑惑。

2020年在疫情之下开始,我窝在家里做成书的工作。一篇篇地整理,一节节地编排,一点一点地补充完善,一本书渐渐地有了轮廓,有了模样,有了生气。我也渐渐增强了做成功的信心。最后终于有了现在的这本书。看着它,真是很感慨,这完全是一本被逼出来的书。成长有时候真是逼出来的。

这本书包含了多年来自己在工作中写的文章,书基本成型之后再通读一遍,自己所做的几项重点教学实践活动,差不多都在里面了。看这本自己写的书,有一种在镜子里看到自己的感觉——一个不算聪明尚属勤奋的人。

这本小书得以成型,要十分感谢我工作的学校——上海市闵行区浦江三中,感谢向小成校长的催动,感谢学校所有老师的大力支持。在此,也深深感谢上海教育科学研究院的杨四耕教授,真诚无私热情地给予理论指导和经验总结!

宽阔的江河孕育一条小鱼。这本书,在我,就像农民收获自己种下的一棵大白菜。敝帚自珍,励我前行。

曹建明

2020.4.13

| 学校整体课程规划的七个关键 | 978 - 7 - 5760 - 0424 - 3 | 62.00 | 2021 年 3 月 |
|---|---|---|---|
| 课堂教学的 30 个微技术 | 978 - 7 - 5760 - 1043 - 5 | 52.00 | 2020 年 12 月 |
| 教学诠释学 | 978 - 7 - 5760 - 0394 - 9 | 42.00 | 2020 年 9 月 |
| 原点教学：提升区域育人质量的策略研究 | | | |
| | 978 - 7 - 5760 - 0212 - 6 | 56.00 | 2020 年 8 月 |
| 走向真实的学习：小学主题式综合实践活动课程设计 30 问 | | | |
| | 978 - 7 - 5760 - 1716 - 8 | 58.00 | 2021 年 8 月 |

## 学校课程发展精品丛书

| 学科课程群与全经验学习 | 978 - 7 - 5760 - 0583 - 7 | 48.00 | 2021 年 1 月 |
|---|---|---|---|
| 育人目标与课程逻辑 | 978 - 7 - 5760 - 0640 - 7 | 52.00 | 2021 年 2 月 |
| 学科课程与深度学习 | 978 - 7 - 5760 - 0505 - 9 | 52.00 | 2021 年 2 月 |
| 学校课程的文化表情：百花园课程的学科指向与深度实施 | | | |
| | 978 - 7 - 5760 - 0677 - 3 | 38.00 | 2021 年 2 月 |
| 学校文化与课程变革 | 978 - 7 - 5760 - 0544 - 8 | 62.00 | 2021 年 2 月 |
| 语文天生重要：语文学科课程群设计 | | | |
| | 978 - 7 - 5760 - 0655 - 1 | 44.00 | 2021 年 2 月 |
| 五育并举的课程体系：致良知课程的旨趣与探索 | | | |
| | 978 - 7 - 5760 - 0692 - 6 | 48.00 | 2021 年 1 月 |
| 学科课程与育人质量 | 978 - 7 - 5760 - 0654 - 4 | 48.00 | 2021 年 1 月 |
| 在地文化与课程图谱 | 978 - 7 - 5760 - 0718 - 3 | 46.00 | 2021 年 2 月 |
| 中观课程设计与学科课程发展 | 978 - 7 - 5760 - 0624 - 7 | 36.00 | 2021 年 1 月 |
| 大教学：英语学科核心素养培育的课程模式 | | | |
| | 978 - 7 - 5760 - 0462 - 5 | 46.00 | 2021 年 1 月 |

## 特色学校聚焦丛书

| 不一样的生命，一样的精彩 | 978 - 7 - 5675 - 8675 - 8 | 34.00 | 2019 年 3 月 |
|---|---|---|---|

| | | | |
|---|---|---|---|
| 童味正醇：特色学校的文化图谱 | 978 - 7 - 5675 - 8944 - 5 | 39.00 | 2019 年 8 月 |
| 特色普通高中课程建设探索 | 978 - 7 - 5675 - 9574 - 3 | 34.00 | 2019 年 10 月 |
| 儿童是天生的探索者：360°科学启蒙教育 | | | |
| | 978 - 7 - 5675 - 9273 - 5 | 36.00 | 2020 年 2 月 |
| 做精神灿烂的教师：教师自我成长的 5 个密码 | | | |
| | 978 - 7 - 5760 - 0367 - 3 | 34.00 | 2020 年 7 月 |
| 让教育温暖而芬芳 | 978 - 7 - 5760 - 0537 - 0 | 36.00 | 2020 年 9 月 |
| 快乐教育与内涵生长 | 978 - 7 - 5760 - 0517 - 2 | 46.00 | 2020 年 12 月 |
| 故事教育与儿童发展 | 978 - 7 - 5760 - 0671 - 1 | 39.00 | 2021 年 1 月 |
| 美好教育：学校内涵发展的循证研究 | 978 - 7 - 5760 - 0866 - 1 | 34.00 | 2021 年 3 月 |
| 把美好种进儿童心田 | 978 - 7 - 5760 - 0535 - 6 | 36.00 | 2021 年 3 月 |

## 跨学科课程丛书

| | | | |
|---|---|---|---|
| 大情境课程：主题设计与创意评价 | | | |
| | 978 - 7 - 5760 - 0210 - 2 | 44.00 | 2020 年 5 月 |
| 社会参与素养的培育模型与干预机制 | | | |
| | 978 - 7 - 5760 - 0211 - 9 | 36.00 | 2020 年 5 月 |
| 大概念课程：幼儿园特色主题活动设计 | | | |
| | 978 - 7 - 5760 - 0656 - 8 | 52.00 | 2020 年 8 月 |
| 项目学习：进入学科的课程智慧 | 978 - 7 - 5760 - 0578 - 3 | 38.00 | 2021 年 4 月 |

## 核心素养导向的课堂教学丛书

| | | | |
|---|---|---|---|
| 漾着诗性智慧的课堂教学 | 978 - 7 - 5675 - 9308 - 4 | 39.00 | 2019 年 7 月 |
| 转识成智的课堂教学：核心素养导向的历史教学 | | | |
| | 978 - 7 - 5760 - 0164 - 8 | 40.00 | 2020 年 5 月 |
| 学导式教学：学会学习的教学范式 | | | |
| | 978 - 7 - 5760 - 0278 - 2 | 42.00 | 2020 年 7 月 |

| | | | |
|---|---|---|---|
| 高阶思维教学的关键技术 | 978 - 7 - 5760 - 0526 - 4 | 42.00 | 2021 年 1 月 |
| 会呼吸的语文课：有氧语文的旨趣与实践 | | | |
| | 978 - 7 - 5760 - 1312 - 2 | 42.00 | 2021 年 5 月 |
| 高阶思维教学的核心指南 | 978 - 7 - 5760 - 1518 - 8 | 38.00 | 2021 年 7 月 |
| 磁性课堂：劳动技术课就这样上 | 978 - 7 - 5760 - 1528 - 7 | 42.00 | 2021 年 7 月 |
| 核心素养导向的作业设计 | 978 - 7 - 5760 - 1609 - 3 | 40.00 | 2021 年 8 月 |
| 语文，让精神更明亮 | 978 - 7 - 5760 - 1510 - 2 | 42.00 | 2021 年 9 月 |

## 特色课程建设丛书

| | | | |
|---|---|---|---|
| 教师，生长的课程 | 978 - 7 - 5760 - 0609 - 4 | 34.00 | 2020 年 12 月 |
| 学校课程发展的实践范式 | 978 - 7 - 5760 - 0717 - 6 | 46.00 | 2020 年 12 月 |
| 丰富学习经历：如歌式课程的愿景与深度 | | | |
| | 978 - 7 - 5760 - 0785 - 5 | 42.00 | 2020 年 12 月 |
| 学校课程群设计方法 | 978 - 7 - 5760 - 0579 - 0 | 44.00 | 2021 年 3 月 |
| 学校美育课程的立体建构：菁华园课程的逻辑与框架 | | | |
| | 978 - 7 - 5760 - 0610 - 0 | 36.00 | 2021 年 3 月 |
| 关键学习素养与学科课程设计 | 978 - 7 - 5760 - 1208 - 8 | 34.00 | 2021 年 4 月 |
| 学校课程设计：愿景建构与深度实施 | | | |
| | 978 - 7 - 5760 - 1429 - 7 | 52.00 | 2021 年 4 月 |
| 生长性课程：看见儿童生长的力量 | 978 - 7 - 5760 - 1430 - 3 | 52.00 | 2021 年 4 月 |
| "慧阅读"课程：儿童视角 | 978 - 7 - 5760 - 1608 - 6 | 42.00 | 2021 年 6 月 |
| 诗意栖居的课程愿景：智慧岛课程的逻辑与深度 | | | |
| | 978 - 7 - 5760 - 1431 - 0 | 44.00 | 2021 年 7 月 |
| 每一个孩子都是最重要的人：V - I - P课程的内在意蕴与学科视角 | | | |
| | 978 - 7 - 5760 - 1826 - 4 | 54.00 | 2021 年 8 月 |